L'Éclipse

Du même auteur

L'effervescence de la pitié, Presses de la Renaissance, 2006.

Enguerrand Guépy

L'ÉCLIPSE

L'œuvre
ÉDITIONS

ISBN : 978-2-35631-029-3
Éditions de l'Œuvre
26 rue Jacob
75006 Paris
Site internet : www.oeuvre-editions.fr
Dépôt légal : septembre 2010

La nuit étendait son empire à toute la terre de Canaan. Le peuple nocturne prenait son essor et tout ce qu'il y avait de désespoir dans la cité sainte emplissait l'air de cris étouffés, de larmes qui ne pouvaient plus couler, de soupirs toujours recommencés... Les murmures et les chuchotements foisonnaient dans la citadelle. « Ne faudrait-il pas réserver le même sort à ses disciples et lancer la proscription contre les lieutenants du supplicié ? » Les chuchotements annonçaient des choses mauvaises et terribles. Les chuchotements...

Le maître de justice

Le maître de justice venait d'apprendre la mort de Jésus. Il en fut satisfait. La loi et la raison avaient prévalu.

Il y a quelque temps déjà, il s'était entretenu avec le futur condamné. À cette époque on vantait encore la sagesse du Nazaréen. Beaucoup affirmaient que ses préceptes se rapprochaient de la secte des esséniens. Le maître de justice avait d'abord vu d'un bon œil sa rencontre avec un homme qui avait la sincère passion d'Israël. Mais Jésus avait déçu ses attentes. Jésus l'avait pris de haut et ne lui avait témoigné aucune déférence. C'est tout juste s'il lui avait adressé un regard lorsqu'il avait franchi le seuil de sa maison.

L'ascète en avait été cruellement blessé. Quel mépris dans l'attitude générale de ce Rabbi encore inconnu il y a peu !

Alors qu'il s'apprêtait à prendre congé, l'orgueilleux s'était lancé dans une de ces paraboles qui plaisaient tant aux foules et avaient assuré sa réputation.

— De ce monde, il ne restera bientôt plus rien. Mais moi, je me tiendrai là pour accueillir les justes et ceux qui auront cru en moi.

— Qui es-tu donc pour parler ainsi ? répliqua l'essénien.

— Ne vois-tu pas qui je suis ? Je suis celui qui vient pour que s'accomplisse la promesse.

— Notre combat est donc le même ! s'exclama le maître de justice.

Mais Jésus se mura à nouveau dans le silence, brisant dans l'œuf l'enthousiasme de son interlocuteur. Le maître de justice se sentit à nouveau trompé. Il ne put réprimer un mouvement de colère et l'envie de frapper Jésus s'empara de son esprit. Jean le Baptiste était un présomptueux, mais le nouveau chef des Nazaréens n'avait pas d'équivalent. Sa supposée bienveillance l'exaspérait. Il ne connaissait pas le respect. Il méritait la persécution des descendants de Sadoc et la méfiance des pharisiens.

Le maître considéra le destin d'Israël et eut mal pour les Hébreux. Ce n'était pas avec ces cohortes d'illuminés que le peuple relèverait la tête. Adonaï avait puni les Juifs à cause de leurs péchés. Seule une action purificatrice pouvait apaiser sa colère. Tel était l'enseignement de Moïse et cela, le maître de justice n'en démordrait pas.

Par acquis de conscience, il posa la seule question qui avait une valeur à ses yeux :

— La Loi n'est-elle pas ce qu'il y a de plus important ?

— Je ne suis pas venu abolir la Loi mais l'accomplir, asséna Jésus.

Le silence retomba sur lui. Il ne ressentait plus de colère mais un inexplicable accablement. Son œuvre lui apparut soudain une pure vanité, sa volonté de purifier Israël une sotte et folle prétention. Le froid de la mort lui parcourut l'échine. Il entendit les cris, les larmes, un peuple châtié. Il eût voulu tendre la main à Jésus, mais Jésus s'était déjà retiré. Sa silhouette s'éloignait tel un oiseau autrefois majestueux. Il n'y eut bientôt plus qu'un point minuscule à l'horizon et le souvenir de la royauté...

L'angoisse le submergea et il regretta de ne plus voir l'oiseau majestueux. Les larmes lui coulèrent sans autre raison que cette rencontre décevante avec un prétendu prophète.

Il s'apprêta à consigner, comme il le faisait toujours, son entrevue, mais sa main tremblante d'émotion ne put obéir à la rigoureuse discipline qu'il s'imposait. Pour la première fois, il s'abandonna et décida de ne jamais mentionner l'existence du dénommé Jésus de Nazareth...

Peu à peu, le crépuscule gagnait Qumrân, et le vieil homme recouvrait son calme. Le soulagement pouvait se lire sur son visage. L'espace d'un instant, il avait cru son œuvre en danger. Mais le Malin n'avait pas eu raison de son courage et de sa détermination. L'ennemi était maintenant identifié et retranché... Plus jamais on ne l'y prendrait à écouter les sirènes de la doxa. Le salut d'Israël passait par la pénitence et l'application stricte de la Loi. Toute autre voie serait celle du diable. Jésus de Nazareth était le diable...

Jean

« Maudits soient les enfants de Sadoc ! Maudits soient les scribes ! Maudits soient les pharisiens ! Maudits soient Rome et son préfet ! Qu'as-tu fait, Seigneur, en épargnant Noé ?

Moi, le disciple bien aimé, j'ai vu mon maître injustement supplicié. J'ai vu son sang se répandre sur le sol de ses ancêtres. J'ai entendu ses cris, ses os craquer de toute part.

Je confesse n'avoir rien tenté pour le sauver. Je confesse mon impuissance devant la force de ses ennemis. Je reconnais valoir moins qu'un chien !

J'affirme que nul ne mérite le repos, que les bons ne valent pas mieux que les mauvais.

J'affirme que ma génération ne passera pas sans avoir subi ta vengeance, Élohim. N'épargne pas Noé cette fois Seigneur, n'épargne pas Noé ! »

Il enfouit son parchemin sous le sable, retira ses sandales, pria face contre terre. Mais la prière ne voulait pas jaillir. Il était sec : sec et sans avenir. Au loin les lamentations des femmes agaçaient ses oreilles. On l'attendait au sépulcre. Il était temps d'être comme les autres. Il était temps de retourner en servitude…

Thomas

Thomas avait frappé à la porte de Rebecca. Rebecca, l'ancienne vie, la vie qu'il n'aurait jamais dû quitter.

— J'étais sûre que tu reviendrais. Entre…

Assis au centre de la maison, Thomas dévorait la nourriture consacrée. Rebecca l'observait. Le feu habitait ses yeux. Elle n'aurait pas dû lui ouvrir. Ne méritait-il pas son sort ? Il n'était plus rien pour elle. Et pourtant elle n'avait pas résisté à la possibilité de le revoir et de le sentir sous sa coupe encore une fois. Non, elle n'avait pas résisté…

Thomas mangeait et tandis qu'il retrouvait des forces, la puissance de son désir luttait contre le souvenir du Rabbi.

Jésus n'avait eu que ce qu'il recherchait de toute façon. Il fallait l'accepter. Alors il mangeait et Rebecca serait de nouveau toute à lui. Et le deuil alors ? Non, le deuil, c'était l'aliment des hypocrites et Thomas était d'une autre race.

Il mangeait, la dévorait des yeux et la puissance de son désir avait éteint le souvenir du Rabbi…

Plaisir, extase, béatitude, tout était presque comme autrefois.

Les horreurs du jour avaient disparu. La nuit naissante les enveloppait d'une aura bienfaisante. Ils demeuraient étrangers à l'effervescence et aux bruits. Il n'y avait plus de peur, ni de gêne entre eux. Ils étaient comme au premier jour. Eux seuls étaient au monde.

Il se pencha et se remplit de son odeur unique. Il avait chaud. Tout son corps était brûlant mais il n'en souffrait pas. Au contraire, il en éprouvait une incomparable jouissance et ne comprenait pas les hommes qui craignaient le feu. Alors qu'il la dévorait à nouveau, il entendit qu'on chuchotait dans la chambre. Il s'apprêta à aller tancer les importuns quand il eut la désagréable sensation que des milliers d'yeux l'observaient. À présent lui parvenaient clairement des bribes de conversation. Il y avait parfois des exclamations et tout cela prenait l'allure d'une controverse passionnée. Il semblait qu'on discutât de son cas et qu'il y eût bientôt deux camps clairement opposés. Certains réclamaient l'application de la Loi, d'autres demandaient un complément d'enquête. Il aurait voulu se boucher les oreilles. Curieusement, il avait échappé à la honte et voilà que, pour la première fois, il se rendait compte que tous les regards convergeaient vers sa nudité. Il poussa un cri d'effroi qui se perdit dans le brouhaha général. Il se tourna affolé vers Rebecca mais Rebecca resta sourde à son angoisse. Comment n'avait-elle pas remarqué le grondement réprobateur de cette foule hostile ? Ne savait-elle pas qu'elle encourait la lapidation ?

Le silence tomba sur l'assemblée. Celui qui se faisait appeler Jésus et que l'on présentait comme le nouveau prophète venait d'entrer.

— Peux-tu répondre de cet homme ? lança la foule au nouveau venu.

— Je le peux. Il est mon frère, répondit Jésus.

— N'es-tu pas fou de te prétendre l'ami de ce scélérat qui défie la Loi et que tout le monde connaît pour être un contestataire ?

— Il est un de mes frères. Son crime est mon crime. N'est-ce pas ce que vous a enseigné le Père ?

Pendant ce temps on avait saisi et traîné Thomas jusqu'aux pieds du Rabbi.

— Regarde-le, ce chien qui est ton frère, comme il a peur ! Si son crime est ton crime, alors sa peine sera ta peine.

— Si son crime est mon crime, alors sa peine est ma peine.

— Alors paie pour lui, prophète !

— Non, ne le frappez pas, cria Thomas, c'est moi seul qui suis coupable ! Lui, il n'y est pour rien. C'est le Rabbi !

Mais ses cris n'avaient aucun pouvoir sur la colère et la démence des tortionnaires. On frappait Jésus et Jésus ne se débattait pas.

Rebecca s'était levée. Elle fendait la foule, le couteau du sacrifice à la main. Elle fondait sur Thomas telle la reine de Saba ayant revêtu le masque du bourreau.

— Toi, n'as-tu pas choisi de mourir avec moi ? Alors que ta volonté soit faite !

Elle le saisit par les cheveux et commença à lui trancher la gorge. La peur, le sang qui gicle. « Pitié, je ne veux pas mourir… »

Il se réveilla en sursaut. Il transpirait à grosses gouttes mais il n'était pas mort. Rebecca dormait paisiblement à ses côtés…

Caïphe

« Merci Seigneur, d'avoir puni le blasphémateur ! J'avais désespéré de toi ; mais comme toujours tu es intervenu pour préserver Israël d'un grand danger. Cet homme utilisait la Torah pour sa propre gloire. Il voulait te ravir la prééminence. Alors nous avons éloigné la Torah de lui et lui avons infligé un châtiment exemplaire. Nous étions devenus faibles, trop enclins à accepter d'inutiles controverses. Alors tu nous as envoyé cette épreuve afin que nous puissions nous ressaisir, afin que nous nous rappelions le joug des Égyptiens et la marche dans le désert…

Nous étions aveugles et tu nous as rendu la vue.

Nous étions sourds et tu as fait que nos oreilles entendent à nouveau.

Nous étions faibles et tu nous as rendus forts.

Nous étions lâches et tu as fait de nous des courageux. À présent les prophètes et les rois ne se détourneront plus de nous, Éternité du Temple d'Israël… »

Judas

Il était exsangue et déjà les mendiants l'évitaient. Il marchait vers le Sanhédrin, mais tout cela n'avait plus d'importance. Il était trop intelligent pour croire en la pertinence d'une telle action. Tout cela, c'était pour se donner un semblant de contenance, donner une forme à la haine qu'il se vouait depuis si longtemps. Il marchait vers le grand prêtre et au loin le grand prêtre prévenu par ses serviteurs avait fait donner ses ordres pour que l'importun fût chassé. Mais il se ravisa. Il voulait contempler le visage du traître. Il le voulait devant lui. Il s'y sentait poussé par une curiosité malsaine et une injonction insidieuse de la Torah. Il voulait réunir en un même tableau le blasphémateur et son dénonciateur. Il voulait que rien ne fût bon dans cette affaire. Il le voulait pour la fortification d'Israël et la puissance du Temple.

Et Judas Iscariote marchait inexorablement vers son dernier supplice. Il ne se souciait plus de cette bourse qu'il avait volontairement mal fermée et qui secouait le crépuscule du bruit de son marchandage.

Il était parvenu au terme du processus. Jésus avait réclamé le martyre. Judas le lui avait permis. De tous les disciples, lui seul pouvait se targuer d'avoir compris le fils de l'homme.

Mais Jésus ne serait bientôt plus qu'un lointain souvenir, une histoire qui a perdu tout sel, tout sens, une histoire qui ne vaut pas la peine d'être contée...

Caïphe – Judas

Le grand prêtre détourna les yeux. Cet homme ne lui avait toujours inspiré que du dégoût. Tout, chez lui, provoquait l'exécration. Qu'espérait donc ce Judas en venant restituer ces trente deniers ? Il voulait être en paix sans doute ? Pour trouver la paix, il fallait suivre l'enseignement de la Torah et se soumettre au Temple. Il fallait se détourner des œuvres du démon et se méfier tout particulièrement des hommes qui font des prodiges au nom du Seigneur.

Judas était un homme qui avait professé l'erreur et, loin de se repentir, il avait répondu à l'erreur par la bassesse. Il était, en vérité, pire que le Nazaréen. Il n'était pas même digne de mourir sur la croix. Il était le rebut de la nation juive, l'élément qui attisait le ressentiment et les malédictions d'Adonaï...

— Va-t'en, maudit ! Tu as eu ta récompense, non ? Va-t'en, au nom de l'Éternel !

Et le grand prêtre lui jeta à la figure le prix de son infamie. Judas se taisait. Il s'enfonçait de plus en plus. Qu'il était beau de finir sans se débattre. Il en était heureux. Il connaissait le destin des immondices.

Trente deniers pour un roi ou un libérateur, c'était, en définitive, tellement peu que cela en était risible. Trente deniers ! Comme tous les sages du Sanhédrin s'étaient payé ta tête ! Quelle mouche t'avait donc piqué ? Trente deniers pour la menace révolutionnaire, c'était donc que tu n'y avais jamais cru – ou bien si peu que toi, l'économe, tu en avais oublié toutes tes capacités de négociateur. Mais trente pièces, c'est ce que tu estimais bon pour cette aventure, car de fait, tu n'avais rien oublié, bien au contraire, et c'était là le prix que tu étais prêt à mettre pour ces trois années de vie nomade et communautaire. Ce n'est pas Jésus que tu avais vendu, mais l'essoufflement de ton rêve, et maintenant l'essor du shabbat allait achever ta mise en scène.

Caïphe

C'en était trop pour le grand prêtre. Par deux fois dans la même journée le péché contre le Temple avait franchi le seuil de sa porte. Il regrettait d'avoir succombé à la tentation de recevoir Judas. Le grand prêtre aspirait au shabbat. Il se devait maintenant à Adonaï. Il voulait chanter sa gloire, se fondre dans les psaumes du grand roi poète et soulager son cœur des tensions d'une journée terrible où il avait vaincu le démon face à face.

La victoire était là, certes. Mais il ne pouvait ignorer le ressentiment qui agitait le peuple quant à la gestion du Temple. Si Jésus avait eu le soutien des pharisiens, le pouvoir des saducéens n'aurait pas pesé bien lourd. Le Nazaréen était heureusement un fou qui n'avait pas su tirer avantage du magnétisme qu'il exerçait sur les foules. Mais c'était un sérieux avertissement. Un homme plus ambitieux et plus habile aurait tôt fait de supprimer la grande famille sacerdotale…

Caïphe soupira. Il imaginait déjà les luttes futures et ce caillou dans sa sandale que constituait l'occupation romaine. Seuls les hommes d'une extrême lucidité pouvaient comprendre la nécessaire allégeance à l'occupant. Les exaltés voulaient la guerre, mais ils ne récolteraient que vexations supplémentaires et perpétuelles représailles.

L'heure était heureusement à la joie et à la prière. Mais ce chien de Judas avait failli gâcher ce saint jour.

Judas, c'était encore un tour du diable et le diable aujourd'hui s'était déchaîné. N'avait-on pas vu les ténèbres s'emparer de Jérusalem, la terre trembler et, pire que tout, le rideau du Temple se déchirer ?

Le grand prêtre tomba à genoux…

« Pardonne-nous d'avoir douté de toi. Pardonne-nous d'avoir usé de moyens si abjects pour venir à bout du Malin. Tu as voulu éprouver l'amour pour ta parole en nous envoyant un faux prophète. Tu voulais nous secouer et réveiller en nous l'ardeur des premiers temps, tu voulais voir si nous saurions protéger ton Temple et la pérennité de ton Alliance. »

Il priait mais le souvenir de Jésus était encore trop vivace. Quelques heures plus tôt, le criminel se tenait devant lui, le narguant par son silence. Cet homme était trop sûr de lui. Le grand prêtre savait qu'à un moment ou à un autre, ivre de son mensonge, il commettrait l'erreur fatale, le blasphème odieux, il professerait l'indicible et révélerait à Jérusalem sa véritable nature.

Mais le grand prêtre ne s'était pas attendu à une victoire aussi facile. Voilà trois ans que le Galiléen pérorait dans les synagogues, mystifiait jusqu'à des membres éminents du Sanhédrin et faisait de plus en plus d'adeptes. Personne n'avait réussi à le mettre en défaut, et malgré la volonté affichée des scribes de circonscrire la menace, Caïphe avait longtemps douté de l'issue favorable de cette entreprise.

Le miracle s'était pourtant produit. Encore une fois la douloureuse et grandiose histoire d'Israël se confondait avec la foi en l'Éternel. Le grand prêtre comprenait à présent qu'il avait douté de la puissance du Seigneur et avait accordé un poids trop important au phénomène Jésus. Il secoua la tête et se trouva stupide.

À présent, il faudrait reprendre les bonnes vieilles habitudes… Les manigances avec Hérode, les tergiversations avec les Romains, les gémissements des pharisiens, les reproches des zélotes, et puis le poids de son oncle à qui il devait tout. Les bonnes vieilles habitudes… Déjà Caïphe regrettait l'ennemi qui ne se cachait pas, car tous les autres, au fond, composaient un rôle qu'il ne connaissait que trop bien. Jésus, lui, l'avait surpris jusque dans sa mort. Il l'avait surpris et déçu. Il avait aimé cette lutte frontale mais il attendait mieux du nouveau prophète. N'avait-il pas espéré qu'il descendît de la croix ?

Ça y est ! Il se mettait lui-même à blasphémer, à donner corps à toutes ses vantardises. Il entrait dans le discours de ce Nazaréen de malheur. Parler le langage de l'ennemi, c'était d'ores et déjà se mettre sous son joug et lui assurer la victoire. Il le savait pourtant.

Caïphe se coucha sur le sol et demanda la protection de l'Éternel. Il avait peur comme un enfant. Il se représentait la politique comme un de ces monstres terrifiants si chers aux Grecs. Cependant c'est là que résidait son horizon : composer avec les différentes strates de la société juive pour la sauvegarde du Temple, car seul le Temple importait pour le grand prêtre Caïphe, car seul l'amour du Temple l'avait maintenu debout depuis treize ans au milieu des intrigues, des trahisons et de l'usure du pouvoir. Combien de temps pourrait-il encore tenir ? Et après lui, qui suivrait son exemple et appliquerait une politique de conciliation ? Qui saurait résister aux tentations du messianisme des pharisiens et aux revendications nationalistes des sicaires ? Il était cerné de toutes parts. Il n'avait pas d'amis ; tous voulaient sa perte. Jésus avait été une exception, une récréation au milieu des aboiements des hyènes.

Voilà qu'il doutait encore ! De nouveau son esprit divaguait et se perdait en conjectures insensées. Comment avait-il pu se laisser entraîner sur cette pente abominable et oublier son sens aigu des réalités ?

Mais non, il n'avait pas oublié son sens aigu des réalités. La condamnation de Jésus avait été son chef-d'œuvre. Toute la vitalité de son esprit s'était alors manifestée. Il avait su persuader ses plus farouches adversaires de la nécessaire élimination du Rabbi. Il avait manœuvré au-delà de l'habilité politique. Il avait été inspiré. Qui oserait à présent douter de ses qualités ? Bientôt on ne dirait plus Caïphe neveu d'Anne, mais Caïphe le Grand, le souverain sacrificateur qui obtint l'impossible... Hérode serait bientôt mis de côté. Rome n'aurait plus qu'un seul interlocuteur et la gloire du Temple serait assurée pour des générations.

Tandis qu'il s'enfonçait dans son rêve de grandeur, il s'aperçut qu'il s'était couché sur les pièces d'argent abandonnées par l'Iscariote. Il eut comme un haut-le-cœur, se débarrassa des pièces collées au visage, hurla de rage. Sa lucidité le quittait. Il voyait le diable face à face. Il lui avait ouvert sa porte. Le diable se moquait de lui. Il était son jouet.

Le serviteur du souverain sacrificateur s'était précipité. Le grand prêtre était blême. Prostré, il fixait un point au plafond. Sur son visage se lisaient la terreur et l'incompréhension.

Judas

« Voilà longtemps que l'esprit m'a abandonné. Je n'ai pas trahi Jésus. C'est Jésus qui m'a trahi. Moi, je meurs parce que mon rêve est mort et les hommes sont faits pour se nourrir de rêves. Celui qui me jugera a déjà été jugé avant moi. Qui sait ce qui habite le cœur d'un homme ? Quand la branche touche le sol, c'est que la branche est morte. Moi, je veux vivre dans les airs et côtoyer les oiseaux. »

Le corps de Judas reposait dans la nuit. Plus jamais il n'aurait soif, plus jamais il n'aurait faim ; il attendait d'être exposé à la contemplation des hommes. Lui aussi avait choisi le sacrifice et lui aussi avait récolté l'opprobre. Maintenant il se sentait uni avec celui qu'il avait appelé maître. Ils étaient frères. Mais personne ne pleurerait Judas, pas même son père, pas même sa mère. Personne ne pleurerait Judas et ne lui accorderait une sépulture digne de ce nom. L'infinie solitude lui avait ouvert ses bras. Déjà les oiseaux s'attaquaient à son corps…

Pilate

Pilate avait appris la mort de Jésus avec un apparent détachement qui cachait cependant mal son trouble. Depuis le début, « l'affaire » Jésus le tracassait. Le pauvre garçon l'avait totalement désarçonné par son mode de défense. À croire qu'il souhaitait ce jugement inique et ce supplice odieux. Pilate eut un léger rictus de dépit en repensant à ce mélange de sagesse stoïcienne et de goût pour le *fatum*. Sans doute était-ce là que résidait l'étonnante séduction qui se dégageait de ce Juif étrange, mais tout ça devait-il conduire à la crucifixion ? Il s'abattit sur sa couche, se sentant incroyablement fourbu. Jamais il n'aurait imaginé que cette histoire l'épuiserait pour de bon. Quel orgueil tout de même chez ce Jésus : « Rendre à César ce qui est à César... » Que serait-il advenu s'il avait réussi à le séduire ? Les conséquences eussent été effroyables. L'autorité sapée de l'intérieur, tout pouvoir rendu absurde... Que serait-il advenu si ce Jésus avait réussi ? Et pourtant le dossier était vide. N'importe quel tribunal impartial aurait acquitté l'accusé et poursuivi les calomniateurs... Cette affaire était délicate parce que cela respirait la complication. D'une certaine façon, tout ce qui touchait les sémites de près ou de loin était source de complications, mais dans le cas présent, il y avait une valeur ajoutée que Pilate ne parvenait à s'expliquer. Un innocent injustement mis à mort n'avait rien pour l'émouvoir. Des injustices, il en avait tellement vues, tellement corroborées, qu'un Jésus de plus ou de moins lui était égal. Toute l'histoire politique de Rome était un affreux théâtre de passions malsaines, de meurtres, de courses effrénées aux honneurs, de trahisons, et Pilate charriait avec lui tout ce maelstrom. Il était l'un des rouages du système. Il était le préfet de Judée directement désigné par Tibère, l'envoyé de Rome pour maintenir l'ordre. Non, ce qui le gênait dans l'aventure de ce faux messie, ce n'était pas tant les gesticulations et les vociférations des élites juives, mais le regard que portaient sur lui les femmes. Et il n'osait se l'avouer, le regard de sa propre épouse le mettait mal à l'aise.

Comme tous les jours à la tombée de la nuit, le centurion Quirinus vint faire son rapport et s'informer des nouvelles dispositions à prendre en vue de la Pâque juive. Pilate appréhendait cette énième confrontation avec l'officier. Tout ce qui lui rappelait son rôle de la matinée l'irritait. Quirinus, qui plus est, par son parler troupier, avait le don de mettre Pilate dans de mauvaises dispositions. Il n'y avait, dans cette bobine vouée aux travaux et aux servitudes militaires, rien qui pût résoudre les cas de conscience du préfet. Tout ce qu'il désirait, c'était qu'on le laissât en paix afin de dissiper ce malaise qui ne cessait de croître. Surtout, il ne parvenait à oublier le regard réprobateur que lui avait adressé Claudia lors de l'arrestation de Jésus. D'ordinaire, elle ne se mêlait que peu de politique. Si elle était souvent critique à l'égard des frasques de l'Empire et n'hésitait pas à donner son avis sur l'entourage du préfet, tout ça n'affectait pas Pilate dans la gestion de sa mandature. Mais le brusque changement d'humeur de ses grands yeux verts, conjugué avec le charisme du crucifié, le troublait. N'avait-il pas été un peu léger ? Le bannissement eût été préférable pour un homme qui n'avait commis d'autre crime que d'interpréter à sa guise un texte sacré. Mais pouvait-on lui reprocher de vouloir maintenir l'ordre tout en cherchant à se concilier les bonnes grâces de ses vassaux ? Rome se devait d'être Rome et les sentimentalités s'accordaient mal avec l'exercice du pouvoir. La populace réclamait la tête de Jésus ? Eh bien, pour la paix civile, il fallait sacrifier Jésus. Quant à Barabbas, le triste Quirinus s'en chargerait tôt ou tard…

Quirinus

Quirinus venait d'entrer. Le visage de Pilate ne lui plut pas. Il était pourtant habitué à ces sautes d'humeur de la part du gouverneur. L'expérience lui avait enseigné que Jérusalem avait le don d'épuiser du préfet jusqu'au plus humble fantassin. Lui-même, souvent, regrettait cette affectation. Les Juifs opéraient une guerre larvée qui obligeait à une vigilance de tous les instants. Combien de légionnaires étaient tombés par négligence ! Quirinus, lui, s'était juré de ne jamais faillir.

— La foule est calmée, préfet. Je crois que le spectacle leur a plu. J'ai pris des mesures pour faire surveiller Barabbas. À la première incartade, nous le remettons dans les fers, n'est-ce pas ?

Quirinus n'avait pu s'empêcher de prononcer ces mots avec une pointe d'agacement. Tout à l'heure, il avait supervisé la bonne tenue du supplice avec le souci d'éviter tout débordement. L'ivresse de cette foule fanatisée ne le réjouissait guère. Une étincelle et c'était l'embrasement tant redouté. Il suspectait Pilate de mal apprécier le contexte et d'accorder trop de crédit aux élites locales. Avec l'expérience, Quirinus avait appris à se méfier de tout le monde et, en premier lieu, de tous les prétendus amis de Rome.

Pilate considéra Quirinus sévèrement. Il lui semblait que ce militaire lui était totalement étranger. Ce n'était, malgré son grade, qu'un vulgaire exécutant. Aucune réflexion sérieuse ne pouvait sortir de cette caboche abîmée par des années de campagnes militaires. Le jour où Rome décréterait une proscription contre le préfet, le camarade Quirinus exécuterait la sentence avec la même application qu'il mit lorsqu'il s'acharnait sur Jésus. Pilate serait ainsi poignardé avec le sentiment du devoir accompli. Mais malgré toute la répugnance qu'il lui inspirait, Pilate avait besoin de Quirinus. Sans cette catégorie d'hommes, aucun pouvoir n'était susceptible de se maintenir. Dans cette contrée hostile, le meilleur allié du préfet demeurait encore le centurion.

— Oui, Quirinus, il faut surveiller Barabbas, acquiesça Pilate, mais pas de provocations. Je ne veux pas de bavures durant la Pâque. Il suffit de ce roi des Juifs pour l'instant.

— J'ai fait redoubler la surveillance de tous les points névralgiques de la ville, préfet. J'ai placé des informateurs dans tous les estaminets, les bordels, les synagogues. Rien ne pourra échapper au regard de Rome, je puis vous l'assurer.

Quirinus, en vérité, désapprouvait totalement les méthodes du préfet Ponce Pilate. Libérer Barabbas, cela signifiait remettre un terroriste, un comploteur, un ennemi de Rome en liberté. Et ça, Quirinus ne le supportait pas. Pilate était par trop intellectuel et une province retorse ne s'administrait pas à coups de beaux raisonnements puisés chez Cicéron. Faire preuve de mansuétude équivalait à montrer sa faiblesse et conforter les séditieux. Que lui importaient les coutumes locales quand la vie de ses hommes était menacée… Pour la Judée, il fallait une poigne de fer, un général qui fît plier l'échine de tous ces braillards et leur inculquât pour de bon ce que signifiait la paix romaine. Un autre préfet aurait été préférable mais Quirinus retrouvait bien là l'incompétence du pouvoir central qui ne savait produire que des chiffes ou de maladifs ambitieux. Il était avant tout un homme de terrain. Commander la garnison, être respecté de ses hommes, là résidait son plaisir. Il détestait, par-dessus tout, les corvées administratives et toutes les tâches attenantes à la vie d'un gouverneur. Il voyait là un incalculable temps perdu et un terreau fertile pour alimenter les complots. Très vite, le scandale lié au Nazaréen lui était apparu pour ce qu'il devait être : un règlement de comptes entre Juifs. La mise en scène à laquelle s'était plié Pilate relevait soit de l'incapacité, soit de la perversion. Des deux peut-être, mais Quirinus tenait peu à déterminer quelle catégorie correspondait le mieux à Pilate. Sans doute se refusait-il à entrer dans des considérations trop complexes par crainte de perdre sa légendaire vigilance. Pour lui le monde devait obéir à des principes simples. C'était ainsi l'assurance pour le soldat de rester en vie.

Pilate avait beau être dans l'erreur, il s'en accommodait et gérait les affaires courantes. Tel avait été le cas avec le condamné Jésus. À dire vrai, Jésus ne représentait rien pour lui. Juste un « patibulaire » qui avait subi son sort avec emphase. Quirinus avait bien d'autres soucis en tête. Il était un chasseur de fauves et voilà qu'une bête féroce des plus dangereuses se baladait sans entrave dans les rues de Jérusalem. Quirinus se jura de neutraliser Barabbas coûte que coûte. Il en faisait une affaire personnelle. Il saurait aménager les recommandations du préfet pour la circonstance. Barabbas ne passerait pas la Pâque…

André

Trouver Simon, se cacher. Attendre que l'affaire se tasse. Trouver Simon et regagner les bords de la mer de Galilée... Voilà à quoi pensait André. Bien sûr, tout cela n'était pas très honorable, mais survivre, il le fallait.

Il n'était pas un héros. Il n'était pas capable de multiplier les pains ni de changer l'eau en vin. Il n'était qu'un modeste pêcheur. Et le Rabbi ne leur avait-il pas dit qu'il savait ce qu'il faisait ? Qui oserait lui reprocher de vouloir sauver sa peau et celle de son frère ?

Jérusalem était hagarde. Il marchait au milieu des ruines. Le Temple était demeuré intact, tout comme le palais d'Hérode. La ville basse, surtout, avait souffert. À croire qu'Adonaï n'avait voulu punir que les petits et les faibles.

Mais le sort des malheureux ne l'émouvait pas. Il était fatigué d'entendre les lamentations des affligés. Son malheur, le sien, qui voulait le connaître ? Il se sentait comme un hors-la-loi, baissant systématiquement la tête quand il croisait un regard. Pour la première fois il connut ce sentiment affreux d'être retranché du peuple, d'appartenir à la race des ennemis de Moïse. Tout aurait pu être différent. Mais Jésus avait choisi la défiance méthodique, Torah contre Torah.

— Pourquoi as-tu agi ainsi, maître ? Pourquoi nous as-tu rendus hostiles aux nôtres ? Nous étions en paix avant ton arrivée et voilà que nous sommes des proscrits, des gens dont on se détourne. Et pour quels résultats ? Te voir suspendu au gibet comme un vulgaire criminel !

Mais seul son frère lui importait. Retrouver Simon, se mettre en lieu sûr, oublier Jésus... Cela, seul, importait maintenant.

— J'ai vu l'homme de Dieu. C'est bien lui qu'ils ont tué. J'ai vu l'homme de Dieu, lui souffla un mendiant. On raconte que certains tombeaux se sont ouverts. Peut-être même que Jean le Baptiste a retrouvé sa tête !

Le malheureux éclata de rire. C'était un mendiant qui avait perdu la raison, de ceux que Jésus considérait avec grande indulgence.

— Certains tombeaux se sont ouverts, mon frère, mais c'est pour ensevelir l'espoir de toute la nation.

Et le rire du mendiant redoubla. André ne broncha pas, laissant l'indigent à sa démence. Comme son cœur s'était endurci…

Matthieu

Il n'avait pas résisté bien longtemps. Au moment où les gardes avaient saisi Jésus, il savait pertinemment que tout était joué, que l'on n'accorderait pas une seconde chance au prophète. Voilà déjà quelque temps qu'il avait repéré cet endroit. Immédiatement il lui était apparu que c'était le lieu idéal pour se réfugier en cas de coup dur.

Maintenant qu'il était en sûreté il revivait tous les événements. Il avait tout consigné dans sa mémoire. Sa mémoire, c'était bien la seule qualité qu'on lui accordait avec sa réserve, mais cela, ce n'était pas une qualité, c'était le minimum exigé pour un fonctionnaire à la solde de Rome, un de ces hypocrites que Barabbas et ses partisans s'étaient juré d'éliminer.

Oui, sa mémoire avait tout conservé. Les moindres paroles du Rabbi s'entrechoquaient dans son esprit. Il en était fier, si fier. Mais s'il avait de la mémoire, les autres en auraient certainement aussi… Alors il s'était terré car il craignait la fureur du peuple.

C'était certain, la colère irait en s'amplifiant. Les zélotes passeraient bientôt à l'action et les publicains seraient parmi les premiers à payer. Il ne pouvait en vouloir aux nationalistes. Il aurait dû accepter son sort avec d'autant plus de résignation qu'il avait vu le Rabbi accepter l'inacceptable. Au fond, il n'avait que ce qu'il méritait. C'est vrai qu'il était un vendu, qu'il avait abandonné toute fierté et tout amour propre en devenant un collaborateur de l'envahisseur, un « Égyptien ». Mais il devait bien faire vivre sa famille et les Romains n'étaient pas des maîtres si détestables. Ils savaient se montrer reconnaissants à qui les servait avec dévouement. Mais le sol était souillé. La Terre promise supportait le pas d'une nation étrangère et Matthieu était le complice des non-circoncis.

S'il avait commis une seule faute contre la Torah, on l'aurait lapidé sur le champ. Il était le publicain, méprisable et honteux, chien maudit qu'on évitait comme un lépreux.

Par nécessité, il ne fréquentait presque exclusivement que des collecteurs d'impôts. Il allait à la synagogue mais les pharisiens se détournaient de lui. De temps à autre parvenaient à ses oreilles des menaces qu'avaient proférées les zélotes contre lui. Alors, il se terrait le temps qu'on l'oublie et qu'on s'attaque à un plus traître que lui.

Il n'y a pas si longtemps, il avait reçu Jésus chez lui. Dans son voisinage, on avait regardé le prophète d'un mauvais œil. C'était la première fois qu'au passage du nouveau phénomène un murmure de réprobation s'élevait de la foule. Un prophète chez un publicain ? Était-ce vraiment lui le messie, celui venu libérer Israël ? À sa sortie, les enfants ne s'étaient pas précipités, les vivats n'avaient pas fusé, on commençait à chuchoter…

Il avait peu à peu vu la haine se cristalliser autour du Rabbi et senti que les choses iraient de mal en pis. Il avait cherché à mettre en garde Jésus, mais Jésus l'avait sévèrement repris :

— Ne crois-tu pas que mon Père ne soit pas capable de faire fléchir tous les sujets d'Israël ? Les pharisiens diront bientôt que je suis contre la Loi. Pourtant, je ne suis pas venu abolir mais accomplir, car jamais un yod de la Torah ne sera retranché.

Sidéré, il s'était tu. Jésus était donc un irréductible et les irréductibles étaient toujours promis au supplice. Pourquoi les autres disciples s'étaient-ils voilé la face ? Seul Judas avait compris…

Lazare

— Lazare, Lazare, n'as-tu pas vu les tombeaux par centaines libérer les morts ? N'est-ce pas le signe que le maître ne nous a pas abandonnés ? Toi qui as connu les deux états, réconforte-nous. Le Rabbi n'est plus, Jean le Baptiste n'est plus, c'est à toi que revient le devoir de prendre la suite. Toi seul sauras te faire écouter, toi seul auras l'autorité nécessaire, toi seul es plus fort que la mort.

Mais Lazare se taisait obstinément. C'était comme si la mort l'avait repris. Il était le ressuscité le plus célèbre de Jésus et cette popularité l'accablait.

— Qu'allons-nous devenir, Lazare ?

— Tout ce qui vient d'arriver me dépasse. Je suis un ignorant. J'ai vu une lumière et j'ai suivi cette lumière. J'ai cru en l'éternité du soleil. Pourtant le soleil a disparu. Le shéol n'est pas la peur ni la souffrance. La peur et la souffrance, c'est la crainte d'aimer. Notre génération ne sait plus aimer, voilà pourquoi elle a tué Jésus.

— Écoutez ! Il parle à présent comme le Rabbi, écoutez tous Lazare, c'est lui notre nouveau guide !

Mais Lazare courait déjà pour échapper aux curieux. Dans son cœur, l'effervescence des âmes prisonnières des enfers ne lui laissaient plus de repos. Il gravissait les collines environnant Jérusalem. Il voulait le silence et les lépreux. Ses frères ne pouvaient comprendre ce que signifiait le retour à la vie. Cette génération avait été contaminée par les vices des Grecs. Elle était finie, condamnée, maudite.

Lazare se rappelait les dernières paroles que Jésus lui avait adressées avant son arrestation : « Doit-on craindre la mort ? Regardez Lazare, il est bel et bien parmi nous. Pourquoi ne voulez-vous pas entendre que je suis venu accomplir la volonté de l'Éternel et que toutes les réponses à vos questions sont dans la Torah ? »

Lazare l'avait regardé tandis qu'on l'emmenait. Malgré toutes les injonctions du maître, il n'avait pu réprimer un sanglot. Il s'était persuadé qu'il ne craquerait pas mais il avait craqué. Même revenu, il n'échappait pas à sa condition. Il restait une créature à la merci des éléments, des méchants, de l'iniquité triomphante. Il se croyait à l'abri, mais la piqûre du moustique ou une parole déplacée et c'était la suffocation.

Il avait craqué mais il n'avait rien tenté contre ceux qui avaient enchaîné son ami. Il n'avait pas bronché quand il avait subi insultes, crachats, fouet. Il n'avait rien osé non plus contre les bourreaux pendant le supplice. Il était sec comme le désert du Sinaï. Ainsi il était revenu parmi les vivants pour constater qu'il était toujours aussi lâche, veule, misérable. Sa seconde chance était une malédiction.

— Jésus, comment ai-je pu te faire ça ? Tu n'aurais jamais dû écouter les lamentations des femmes. Tu n'aurais jamais dû t'approcher du tombeau. Tu n'aurais jamais dû m'aimer…

Nathanaël

Alors que les ténèbres engloutissaient Jérusalem, la panique gagnant les habitants et les pèlerins, Nathanaël était resté en état de sidération. Sans l'intervention de Benjamin, il aurait été renversé et piétiné. Son cousin l'avait soutenu hagard au milieu de la terreur qui surgissait d'un peu partout. Les femmes s'arrachaient les cheveux, les enfants hurlaient, beaucoup d'hommes imploraient le ciel. Il semblait qu'Adonaï ait oublié tout amour pour ses créatures.

— Pardonne-nous nos péchés, criait la ville, pardonne-nous ! Nous sommes une génération perdue ! Pardonne-nous ; tu avais promis depuis Noé de ne plus nous exterminer !

Alors les éléments s'étaient calmés et Jérusalem la ruche avait eu l'autorisation de panser ses plaies.

Parvenu jusqu'à sa demeure, il eut le soulagement de constater qu'elle n'avait que peu souffert de la colère des éléments.

Il bénit Adonaï d'avoir protégé sa sœur et sa maison. Il avait donc encore un avenir. Bientôt il irait demander la main de sa cousine Ruth qui vivait non loin de Césarée.

— Viens t'asseoir avec nous, il est temps d'invoquer le Seigneur, implora Sarah tandis que Nathanaël demeurait immobile sur le pas de la porte.

Mais Nathanaël ne fit aucun mouvement en sa direction. Sarah crut d'abord qu'il n'avait pas entendu et répéta l'invitation mais Nathanaël ne bougea pas davantage. Son visage n'exprimait plus qu'une incomparable lassitude. Son esprit s'était vidé de toute volonté et de tout désir. Sarah eut le sentiment d'avoir devant elle un étranger. Alors elle pleura. Elle était à bout. Cette journée était trop dure. Elle pleura et voulut maudire l'Éternel ; mais elle n'en eut ni la force ni le courage. Elle aussi sentait qu'elle devenait comme Nathanaël, que sa vie lui échappait, que le fluide vital se tarissait, qu'elle serait bientôt un être désenchanté, qu'elle l'aimait, Nathanaël, mais que lui ne l'aimait pas, ne l'avait jamais aimée, ne l'aimerait jamais…

La petite lumière vacillait. Benjamin priait pour trois. Il priait pour le Rabbi qui n'avait pas eu sa chance et pour tous les défunts de ce jour funeste. Il priait pour ses parents morts il y a des années à Jéricho. Il priait pour tous les malheureux de son peuple et un peu aussi pour les Romains. Il sentait qu'Israël rentrait dans une période d'incertitude et de bouleversements. Il savait que l'Éternel était en droit de les rejeter mais il se souvenait de la parole du Seigneur : « S'il y a un juste… » Il voulait être ce juste. Un jour, la haine l'avait affranchi. Il ne se l'expliquait pas. Mais elle l'avait bel et bien quitté. Quand elle frappait à votre cœur, vous saviez que vous ne pouviez rien faire, qu'elle était trop forte, que pour vous, c'était l'épreuve de votre vie car elle vous dévorait tellement les intestins, s'immisçait tellement dans votre sang, devenait tellement vous, que de ne pas être la haine, c'était se trahir, c'était se parjurer, c'était maudire sa race…

Ils dormaient à présent. Ils s'étaient écroulés. Nathanaël dans son silence, Sarah dans son chagrin et Benjamin dans les psaumes. Ils dormaient malgré le danger et la mort qui les cernaient. Ils dormaient. La petite lumière continuait de briller faiblement. Ils dormaient. Demain, il faudrait recommencer. Se fabriquer un avenir, rebâtir Jérusalem, croire encore en l'Alliance. Ils dormaient…

Mordohaï – Josué – Thaddée

— J'en tiens un, Mordohaï, une petite vermine qui renseigne les Romains. Laisse-moi saigner ce chien qui fait honte à sa race !

— Du calme, Josué, du calme… Tu ne voudrais pas qu'on nous accuse de mal agir à seulement quelques heures de Pessah ? On répand déjà tellement de bruits sur nous…

Il s'était tourné vers Thaddée qui gisait au sol.

— Comment t'appelles-tu, frère ? Car nous sommes tous frères chez nous, n'est-ce pas ? C'est du moins ce qu'on croyait avant de rencontrer des gens comme toi. C'est horrible d'être trahi par sa race. Moi, je ne peux pas m'en remettre.

Les mains liées derrière le dos, il fixait le sol et refusait obstinément de regarder ses tortionnaires. Peu après l'arrestation de Jésus, il avait été lui-même interpellé par deux hommes qu'il pensait envoyés par Hérode. Mais vite, il avait compris qu'il s'agissait d'une bande de criminels qui prospéraient en marge du mouvement sicaire. L'effervescence religieuse était un moyen pour eux d'exercer leurs méfaits en attribuant cela à la lutte de libération nationale. Des supposés informateurs étaient capturés, rançonnés, et bientôt exécutés. Ceux qui avaient pu en échapper contribuaient à alimenter les rumeurs négatives contre les zélotes. Pour beaucoup de Juifs, ces criminels agissaient pour le compte de l'occupant romain, ayant trouvé là un moyen efficace de discréditer les zélotes et leur volonté d'émancipation. C'est ainsi qu'on s'expliquait l'impunité dont jouissaient ces bandits qui jamais n'étaient pris, ni inquiétés par la garde du tétrarque ou les légionnaires. Les habitants de Judée avaient beau se plaindre, rien ne changeait. D'autres pensaient que ce groupe était essentiellement composé de Samaritains et qu'ils ne laisseraient jamais en paix les Judéens tant les Samaritains étaient habités par le démon…

Pour Thaddée qu'est-ce que cela changeait qu'ils fussent judéens, samaritains ou incirconcis ? Peut-être aurait-il dû protester de son innocence, crier qu'ils se trompaient d'homme ? Mais pourquoi l'aurait-on cru ? Quand on avait le malheur de tomber sur cette engeance, il y avait peu d'espoir. Il ne restait plus qu'à implorer l'Éternel. Mais l'Éternel avait-il encore foi en sa créature ?

L'homme qui se faisait appeler Mordohaï le saisit par les cheveux, s'empara d'un glaive romain et fit mine de vouloir l'égorger. Puis il se ravisa, s'assit en face de lui, chercha son regard mais ne trouvant rien que cette apparente soumission, lui décocha alors un violent coup de poing sur le sommet du crâne. Thaddée s'écroula, sonné. Gémissant, il tenta de se redresser mais il avait atteint le point de non-retour. Il ne sentait plus ses mains. Il lui semblait qu'il avait assez lutté maintenant, que son corps avait droit au repos. La mort noble ou héroïque ne serait pas pour lui.

— Je crois qu'on ne tirera pas grand-chose de celui-là. Rien dans les poches. Rien à nous dire. Tout juste bon pour un peu d'exercice. Pas du tout amusant.

— Qu'est que tu veux que je te dise, Josué ? Quand on joue au petit bonheur la chance, on ne sait pas sur quoi l'on tombe. Et puis, les gens se méfient maintenant. On ne rencontre plus que des proscrits ou des inconscients. Mais as-tu déjà vu un inconscient se promener seul, des bagues plein les doigts, des coffres remplis d'or ? Non, ils viennent avec des escortes ou sortent à plusieurs. La Judée est devenue le bastion des peureux, mon frère, une nation de chétifs, une chiure de Rome. Tout ça ne vaut même plus un crachat.

— Le tuerons-nous pendant le shabbat ?

Mordohaï regarda le soleil dans son déclin. Il poussa un soupir et un rictus de dépit vint se poser sur son visage buriné.

— Nous n'avons plus rien à faire ici. Ce frère est déjà mort il y a longtemps. Abandonnons-le aux hyènes.

Josué hésita quelques instants mais se rendit à l'injonction de celui qui se disait son frère. Il rengaina son épée de légionnaire, rabattit sa capuche. Dans la pénombre, ils laissèrent le corps endolori à l'appréciation des bêtes sauvages. Cette proie trop facile ne les intéressait plus.

Livius – Vanic

Le quart de garde était à présent terminé et le légionnaire Livius allait goûter un repos amplement mérité.

Livius regrettait Césarée. Là-bas, tout était réuni pour que le soldat se sentît en sécurité. Il y avait des thermes, un théâtre, on parlait grec et les autochtones s'accommodaient parfaitement de la loi romaine.

À Jérusalem, c'était l'infernale populace beuglante, menaçante, abrutie par son Dieu unique. L'hystérie collective qui s'était emparée de la foule suite au procès du dénommé Jésus en était la preuve flagrante. On avait beau leur rendre service, plier devant leurs incessantes jérémiades, ils n'étaient jamais satisfaits. Livius les jugeait pires que les austères habitants de Germanie. Sans doute, les Germains étaient d'un naturel plus belliqueux, mais Livius comprenait leur motivation. Alors qu'avec les Juifs, il se trouvait face à une énigme. Les Germains appréciaient la rudesse, l'effort physique, la guerre ; les Juifs, eux, ne savaient que couper les cheveux en quatre et se plaindre de la paix romaine. C'est pourtant l'un d'eux qui avait appelé Pompée à l'aide il y a des années et c'est la magnanimité de l'empereur qui avait permis à Hérode de consolider les bases de son pouvoir. Et voilà qu'ils crachaient dans la main qui les avait secourus.

Issu d'un milieu modeste, il avait trouvé dans la légion la famille qui lui avait toujours manqué. Il aimait la saine virilité des travaux guerriers et n'était pas rebuté par la vie de garnison. Il estimait que rien ne pouvait être comparé à Rome et à sa civilisation. Jamais il n'avait douté du prestige de ce qu'il défendait et, pour lui, apporter

Rome aux barbares était un acte de foi. Il n'était pas comme tous ceux qui effectuaient leur service en rechignant, intéressés seulement par la solde importante allouée aux légionnaires et la perspective de recevoir, une fois l'engagement terminé, des terres gagnées pendant les conquêtes. Non, Rome était sa cause, son but, son avenir. Il appréciait peu les critiques de ses camarades sur l'empire et le haut commandement. Il rêvait de gravir un à un les échelons. Il rêvait de rentrer dans Rome, en habit de triomphe, devant le peuple en extase. Il rêvait…

— Alors mon bon Livius, on rêvasse. Si tu traînes, ta ration de *garum* va finir dans le gosier de Titus Maïus. Prends des forces. Demain, c'est censé être le shabbat mais rien n'est sûr avec eux. D'ici qu'ils nous concoctent une surprise…

— Eh, Livius, demain nous marchons contre les fissures et les éboulis !

— C'est pas beau la gloire militaire ?

Livius ne releva pas les traits de ses camarades. Il était habitué à leurs moqueries. Il avait eu le malheur de faire part de son ambition et depuis il était régulièrement raillé quand la cohorte en était rendue à des travaux d'intérêt général.

— Eh oui, demain, qui donc va réparer la ville ? La légion de César, pardi. Il n'y en a pas un qui viendra nous aider, pas le droit à cause de la Loi, mais pour se plaindre, sauront trouver qui de droit, et que je t'emberlificote Pilate et compagnie.

— Et dans trois jours, après que t'auras retapé leurs remparts, tu seras payé à coups de poignard dans le dos. De la part de Moïse et Salomon !

— Et si tu touches leurs femmes, ils iront aussi voir le préfet, et le préfet te donnera tort au nom de l'impôt qu'ils payent. Mais, moi, de l'impôt qu'ils payent, qu'est-ce que j'en ai à faire ? On est l'armée romaine, oui ou non ?

— Ça encore, c'est rien, mais si c'est une fille de chez eux à qui vous plaisez, ils vous l'estourbissent en un clin d'œil.

— Moi, en même temps, ils me font rire. Un coup de vent et trois éclairs et les voilà en panique. C'est Adonaï qui est en colère, c'est Adonaï qui est en colère, hi, hi…

Livius n'était pas le seul à garder le silence. Vanic, un Macédonien qui avait atterri à la légion suite à une sombre histoire de vengeance à ce qu'on racontait, s'était mis en retrait du groupe et promenait sur l'assemblée un œil désenchanté.

Livius l'avait rejoint. Depuis des semaines son mystère le fascinait. Rien ne semblait atteindre ce garçon et cependant rien n'échappait à son regard sagace. À quoi croyait-il ? Cette question taraudait Livius.

— Ils raillent et bombent le torse mais tout à l'heure, personne ne faisait le malin. Tout ceci me fatigue, lança Livius en guettant la réaction de son interlocuteur.

Vanic se taisait toujours mais la façon dont il dévisageait Livius marquait précisément qu'il avait compris l'intention de son camarade. Livius fut gêné de se sentir découvert aussi facilement et s'apprêta à partir mais Vanic déclencha son petit sourire moqueur et indiqua qu'il allait lui donner ce qu'il était venu chercher.

— Tu vois où on en est ? On tue des innocents et on protège des corrompus. La grandeur de Rome, c'est quoi au juste ? La loi du plus fort réinventée jusqu'au nouvel avatar qui abolira définitivement toute justice et tout sentiment humain.

Livius se pétrifia. Il ne s'était pas attendu à cette charge contre l'empire. Il esquissa une pâle réponse, une réponse de garçon dévoué, naïf, désemparé :

— Mais on ne se mêle pourtant pas, ou si peu, de leurs affaires !

— On ne se mêle pas de leurs affaires ? On ne fait que ça. Rome se mêle des affaires de tout ce qui respire ici-bas et tout ce qui lui échappe est soit soumis, soit banni. Combien de temps les Juifs garderont leur autonomie religieuse, crois-tu ? Dix, vingt, trente ans peut-être et puis un jour, Rome décidera que les règles ont changé et que les Juifs doivent rentrer dans le rang. Alors les Juifs courberont l'échine pour de bon ou ils seront passés par le fil de l'épée. Quand on traite avec le monstre en pensant ainsi gagner sa clémence, on ne fait que retarder l'échéance. Tu sais, la liberté ne peut s'accompagner de compromis. Tu la défends coûte que coûte ou tu te prosternes devant l'idole. Le choix du milieu, c'est déjà vivre dans notre Hadès.

Livius était sous le choc. Une telle diatribe aurait mérité un châtiment immédiat. Les souffrances endurées par le Macédonien ne l'autorisaient pas à cracher sur ce qui l'avait sauvé. Il était un légionnaire. Il devait obéissance et sacrifice à sa Mère nourricière. Il y avait bien des points où Rome était critiquable, mais qu'avait-on à lui opposer ? Les Carthaginois et les Grecs n'étaient plus, seuls demeuraient les barbares. Qui oserait faire reposer l'avenir du monde sur des individus grossiers et avides ? Tous les peuples éduqués avaient au final accepté le joug romain. Que signifiaient les états d'âmes d'un apatride dans le plan conçu par les dieux ? Le destin avait choisi Rome et le destin était souverain. Celui qui ne s'y soumettait pas était condamné à l'errance et à la folie. C'est du moins ce que croyait Livius du haut de ses quelques années de légion. Mais la personnalité de Vanic continuait de le faire vaciller. Sa voix avait les accents de la vérité. Sa nonchalance trahissait la blessure originelle. Vanic avait dû aspirer à la gloire et à l'amour autrefois. Mais Vanic avait été foudroyé et les dieux s'en étaient délectés.

Livius sentit un sanglot remonter du fin fond de ses entrailles qu'il eut toutes les peines du monde à réprimer. Quelque chose l'écrasait, son impuissance devant la misère l'écrasait. Pour la première fois il eut envie de mourir. Il regretta d'avoir discuté avec Vanic et se jura dorénavant de le tenir à distance.

Les plaintes des Juifs lui parvenaient maintenant aux oreilles. Pour la première fois il les entendait distinctement. Ils gémissaient, certes. Mais que signifiaient ces gémissements ?

— C'est l'univers qui pleure, Livius, c'est l'univers qui pleure, lui lançaient les yeux mélancoliques de Vanic… Mais Livius ferma son cœur. Il était encore jeune. Il n'avait pas besoin du secours de nouveaux maîtres ni de spiritualité orientale. Il était temps de chasser ces démons. Il était temps de purifier la terre de cette race infâme. La patience de Rome n'avait que trop duré. Il invoqua le dieu de la guerre et tous les mânes de ses ancêtres. Il les supplia de convertir Tibère aux nécessités de la vengeance et de l'extermination. Assez, assez de tolérance et autres mensonges. Il fallait se montrer impitoyable. Il le fallait, dût-il quitter le cercle des humains…

Philippe

— Mon fils, mon fils, mon enfant chéri. Tu es vivant. Ils ne t'ont rien fait. Ils ne t'ont pas abîmé, ces maudits. Comme j'ai eu peur ! Je me suis dit : « Adonaï est trop bon, il ne peut pas faire ça, il ne peut pas m'enlever mon fils unique ! » Qu'Adonaï soit béni ! Maintenant tu ne me quitteras plus, maintenant tu seras toujours avec moi, car depuis le départ de ton père, je suis seule et la vie est sans pitié…

Elle le serrait fort et le couvrait de baisers. Elle s'était tellement imaginé le pire. Elle avait tellement cru qu'il ne reviendrait pas, que les Romains le mettraient à mort lui aussi, que l'émotion la submergeait. Elle n'avait pas eu la bénédiction d'avoir un mari idéal mais son fils était tout pour elle, et voilà qu'il s'était piqué de fréquenter un aventurier, un adversaire de la synagogue, un homme qui acceptait à sa table des Samaritains.

— Dorénavant tu n'auras plus rien à craindre. Personne ne te fera plus de mal. Je serai toujours là pour toi.

Philippe ne lui rendait pas son affection. Son œil était mauvais. Il maintenait ses poings serrés. La rage l'emplissait de plus en plus. Ce n'est plus sa mère qui se trouvait devant lui mais le miroir de son échec et de sa déchéance…

— Je l'ai abandonné. Je l'ai laissé mourir. Il était ce que j'avais rencontré de mieux. Il m'avait sorti l'épine du cœur. Je l'ai laissé se faire massacrer.

— Chut, mon petit ! De toute façon, ton ami voulait mourir ! Il n'était pas comme notre guide Moïse, ni comme tous les vrais envoyés d'Adonaï. Il voulait mourir et que vous mouriez avec lui.

— Tais-toi ! Si Hillel l'avait rencontré, Hillel se serait prosterné comme Jean le Baptiste s'est prosterné.

— Chut, mon petit, chut ! Je sais que tu n'as pas eu de père, je sais que tu as mal, mais ne t'élève pas contre Moïse ! Pense à ce qu'ont dit les prêtres.

— Maudits soient les prêtres ! Ce sont des chiens assoiffés de reconnaissance qui monnayent la miséricorde du Seigneur. Maudits soient ces canailles qui ont le Livre à la bouche. Leur langue est mille fois plus pécheresse que le pire des Égyptiens. Ils se servent de la Torah afin d'assouvir leur soif de pouvoir. Ils n'ont d'yeux que pour les puissants. Ils haïssaient Hérode mais Hérode leur a construit un Temple, et les voilà qu'ils s'accommodent de la descendance de celui qu'ils dénonçaient comme un demi-Juif.

— Chut, mon petit, pas de colère pendant le shabbat, pas de colère. Les Hébreux ont suffisamment souffert aujourd'hui.

— Tu ne comprends pas ? La justice n'est plus avec le Sanhédrin, et moi, je réclame justice pour l'innocent qu'on a assassiné ! Et si on ne me rend pas justice, que vengeance soit faite !

Il s'était violemment dégagé. La mère gisait au sol en sanglots. Ses ongles commençaient à creuser la terre. Bientôt elle s'arracherait les cheveux et crierait à la face du ciel son désespoir.

Il l'avait quittée sans même un regard. L'heure n'était plus au respect des mères ni aux bénédictions.

Barabbas – Simon le zélote

— Ne devions-nous pas nous rencontrer un jour ?

Barabbas s'était accroupi et s'amusait avec le sable qui s'écoulait lentement entre ses doigts comme un long fleuve tranquille et sans histoire.

— Voilà ce que j'ai de plus cher, ma seule raison de respirer. J'ai beaucoup de sang innocent sur la conscience, mais la passion pour ma terre est sans tache et sans arrière-pensée. Elle est tout ce qui me reste de dignité.

Simon le zélote gardait le silence. Il scrutait le visage de Barabbas. Mais le visage de Barabbas n'exprimait pas ce qu'il escomptait. Ce n'était pas le visage odieux de l'assassin, c'était une laideur d'où il émanait un charme indéfinissable. Cette laideur avait un rêve, et ce rêve, Simon ne le connaissait que trop bien.

— Que me veux-tu, Barabbas ?

Barabbas soupira et se servit du vin.

— J'ai passé un long moment en prison et la solitude transforme un homme, mon frère. J'ai réfléchi au destin d'Israël.

Les deux hommes se jaugèrent. Le zélote aurait dû partir mais Barabbas exerçait un magnétisme trop puissant. Dans son regard, il y avait la promesse d'un jour glorieux.

— Nous n'arriverons jamais à chasser les Romains parce que nous sommes divisés et nous combattons d'abord contre nous-mêmes. Tant que nous n'aurons pas fait notre unité, nous serons sous leur joug et notre terre continuera d'être souillée. La Torah, à l'instar du Temple, est devenue un prétexte pour ne pas agir – ne m'interromps pas, Simon !

Le zélote avait esquissé un geste et trahi ainsi sa désapprobation. S'attaquer à la Torah était un pari risqué mais Barabbas avait senti son ascendant et voulait pousser plus avant son avantage.

— Je sais que je te choque, mais essaie de me comprendre. Je ne suis ni un Jean le Baptiste ni un scribe dévoué à sa synagogue, et pourtant je sens cette terre comme peu ici à Jérusalem, et je peux te dire que ni Jean le Baptiste ni l'honnête scribe respectueux de la Loi ne sont capables de chasser le Romain de la Terre promise. Et pourquoi, Simon ? Parce qu'on ne gagne pas une guerre sans se salir les mains, parce qu'on ne peut pas se contenter d'enseigner les foules et d'attendre patiemment que le miracle se fasse. Et quand bien même le miracle se produit avec un David ou un Cyrus, ça ne garantit rien pour le futur. Regarde, nous en sommes rendus aux heures funestes des Philistins. Moi, je te dis qu'il nous faut les Macchabées. Il nous faut des résistants et des combattants. Il nous faut des hommes en ordre de marche. Il nous faut des zélotes qui arrêtent de se regarder le nombril. Il nous faut des guerriers qui s'accomplissent enfin. C'est au prix d'un engagement et d'une volonté sans faille que le messianisme s'accomplira et que notre terre chantera « liberté ».

— Barabbas, tu aimes peut-être notre terre, mais tu réfléchis à rebours de la Torah. Tout ce que tu dis est porteur de blasphème. Je ne peux en écouter davantage.

— Regarde-toi, Simon. Tu es à l'instar de ceux qui ont condamné ton maître. Tu brandis à ton tour la Torah pour lancer l'anathème. Mais que faisais-tu hier encore si ce n'est suivre un homme que les autorités jugeaient comme un blasphémateur ? Tu aurais soudain changé de camp et rejoint les couards du Sanhédrin ?

Simon grimaça. Les paroles de Barabbas venaient de le déchirer.

— Qu'ai-je dit de si offensant, Simon ? Les zélotes vocifèrent et promettent la révolution mais leur volonté est faible ; Jésus avait tout pour réussir. Il était l'exact opposé des zélotes. Il ne vociférait pas, ne promettait pas la révolution. Il était simplement en marche. Alors le peuple a commencé par l'écouter et a fini par être convaincu qu'il était celui que nous espérions. Mais Jésus s'est arrêté en chemin. Il a renoncé à poursuivre sa sainte entreprise. Il a fini noblement certes, mais à quoi bon ?

— Laisse Jésus où il est.

— Si tu ne pensais pas que j'ai raison, tu ne serais pas devant moi. Tu ne m'écouterais pas. Tu m'aurais déjà tué. Tu lui avais simplement donné ta parole.

Depuis un petit moment déjà, Simon se sentait piégé. Il avait mal calculé la pénétration d'esprit de Barabbas. Il prenait conscience de la fascination qu'il pouvait exercer chez un certain nombre de ses camarades. Il lui avait toujours semblé qu'un tel homme représentait la face obscure de l'identité juive, celle prête à s'affranchir de la Torah et à donner libre cours à sa violence, celle-là même qui bouillonnait en lui et qu'il avait eu soin de réfréner depuis des années. Jésus avait été son catalyseur mais Barabbas parlait à sa colère. L'homme le regardait droit dans les yeux. Il arborait un sourire bienveillant.

— Simon, sais-tu qu'en me libérant le préfet a pris un gros risque et que, déjà, il regrette son choix ? Bientôt il va donner l'ordre à la cohorte de me rechercher et de me ramener à mon cachot. En faisant supplicier ton maître, il pense avoir donné un gage de bonne volonté au peuple mais il n'a fait qu'écouter les lamentations de Caïphe. Le peuple ne sera jamais rassasié par la mise à mort d'un prophète. Il y a trop d'exaspération contenue en lui. Il est mûr pour un projet plus vaste. Me comprends-tu, Simon ?

Simon se taisait. Barabbas le tenait dans sa main. Comme il avait raison ! Quelle chance unique se présentait soudain à Israël ! Barabbas en liberté ! Barabbas le séditieux, l'homme qui avait ordonné l'assassinat de plusieurs légionnaires, délivré de ses fers ! Qui pouvait comprendre la portée d'un tel événement ? Au fond, n'était-ce pas le désir secret du Rabbi : se sacrifier pour donner à Israël les moyens de sa liberté ? Ô Jésus, prophète et martyr, aurais-tu été capable de cela ?

— Simon, nous n'avons pas beaucoup de temps. J'ai besoin de toi. Car de tous ceux qui accompagnaient Jésus, tu es le seul qui peut entendre mon discours sans haine. J'ai besoin de toi, car tu dois les convaincre de me suivre à présent.

— Que dis-tu, Barabbas ?

Il s'était immédiatement raidi comme sous l'effet d'une piqûre d'insecte. Qu'est-ce que cela signifiait ? Que venaient faire les compagnons du maître dans cette démonstration ? Simon considéra à nouveau le visage de Barabbas. Et s'il était Satan ? S'il voulait le séduire afin de le perdre ? Arrière, arrière, je ne veux pas de ton marchandage ! Mais Simon avait la langue lourde, les mots ne voulaient pas sortir. Sa mâchoire s'était crispée. Il luttait mais en vain. Les paroles qu'il prononçait n'avaient plus aucune substance…

— Mais aucun d'eux ne sait se battre ! Ce sont des pêcheurs et des paysans. Même Pierre serait ridicule en face d'un légionnaire !

— Ne sous-estime pas tes compagnons. Ils ne savent pas se battre parce qu'on ne le leur a pas appris. Mais avec un peu d'entraînement, ils feraient de parfaits soldats. Ce sont tous de solides gaillards. Les légionnaires n'en connaissent pas beaucoup plus qu'eux lorsqu'ils débutent. Nous les Juifs, nous croyons que le talent tombe nécessairement du ciel. Mensonge ! La guerre s'apprend. C'est ainsi que les peuples se libèrent et que les nations naissent. Bois, Simon. Bois avec moi. Il faut que tu sois avec moi. Toi seul peux les convaincre que je ne suis pas un ennemi ni un monstre. Je veux fédérer toutes les tendances juives, tu m'entends ? Je veux que les zélotes marchent avec les pharisiens et les pharisiens avec les partisans de Jésus. Le

Temple et Hérode sont vérolés, eh bien nous les renverserons. Puis nous bouterons l'envahisseur hors des frontières de Canaan.

Comme il parvenait à l'embraser ! Non, ce n'était pas Satan, mais l'espoir de la liberté ! Voilà ce qu'il avait toujours voulu entendre ! Enfin, les murailles qu'il avait construites se fissuraient. L'air parvenait enfin dans ses poumons. Il se sentait revivre. Il n'était pas né pour l'étude approfondie de la Torah. Son cœur et son esprit étaient à la guerre, à la guerre avec tous ceux qui avaient la passion sincère de Canaan.

— Puis-je avoir confiance en toi, Simon ?

Comme un enfant devant son père, Simon le zélote eut envie de se précipiter dans les bras de Barabbas. Bien sûr qu'il pouvait avoir confiance en lui. Simon le zélote n'était-il pas un homme d'honneur ?

— Va parler à tes amis. Dis-leur que l'heure n'est pas au chagrin mais à la révolte. Dis-leur qu'en temps voulu on leur rendra justice. Dis-leur qu'il faut mettre de côté les rancœurs et les vaines querelles et disposer toutes nos forces contre nos ennemis communs. Rappelle-leur l'histoire du peuple et n'oublie pas que si tu dois en convaincre un en particulier, c'est Jean.

— Jean…

— Si tu convaincs Jean, les autres te suivront.

— Et si Jean refuse ?

— Alors ce sera une grande perte pour notre cause.

— Jean n'est pas si populaire que tu crois.

— Ce n'est pas une question de popularité, Simon. Des mauvais garçons pour la guerre, j'en trouverai, mais des scribes pour justifier le combat contre le Temple et fermer le clapet des pharisiens récalcitrants, moins. Ils sont peu nombreux et le plus talentueux d'entre eux, c'est Jean.

Incroyable Barabbas ! Lui aussi, il était donc une intelligence supérieure.

— Je parlerai à Jean en particulier, Barabbas, mais avant il faut que tu me promettes une chose.

Il avait dit cela en jetant ses dernières résistances dans la bataille.

— Je t'écoute, Simon.

— Jure-moi de ne rien tenter contre eux s'ils refusent.

Barabbas sourit de ce sourire qui signifiait qu'il s'attendait à cette exigence. Il but une gorgée de vin, fixa le soleil à son crépuscule, se retourna enfin vers Simon.

— Je te le promets.

— Une chose encore. Je veux, une fois cette histoire terminée, que l'on honore Jésus comme un héros.

Barabbas acquiesça de la tête et se servit une autre coupe qu'il tendit à Simon.

— Bois dans mon verre, mon frère, Bois. Peut-être n'aurons-nous plus jamais l'occasion de boire ensemble.

Simon hésita. Tout cela respirait l'impureté. Mais au diable la morale, au diable la soumission ! Canaan méritait des héros.

Le zélote s'en était allé à sa nouvelle passion. La nuit était sur le point d'entamer son règne. Barabbas tirait un premier bilan de sa grande entreprise. Il était libre. Le préfet avait montré sa faiblesse. Jésus, un concurrent sérieux, était éliminé. Les Juifs, divisés, n'attendaient plus qu'un chef. Et cependant il était inquiet…

Barabbas – Mordohaï – Josué

Mordohaï et Josué avaient surgi dans la pénombre le regard fuyant et la moue dépitée. Leur demi-sourire annonçait l'échec. Il n'aurait même pas dû les écouter. Il se persuada néanmoins que trop de signes étaient en sa faveur pour qu'il pût craindre un revirement de la fortune. Il se persuada que rien ne saurait gâcher son grand rêve. Il avait attendu trop longtemps.

— Nous l'avons molesté comme tu nous l'avais demandé, lâcha finalement Mordohaï

— Ce n'est pas ce je vous avais demandé, répliqua Barabbas.

Mordohaï se gratta la tête.

— Pour être honnête, elle m'ennuyait un peu, ta future recrue. J'ai voulu voir ce qu'elle avait dans le ventre.

Barabbas garda le silence un moment. La colère bouillonnait en lui. Il aurait dû les punir sur-le-champ mais il n'en fit rien. Il avait encore trop besoin d'eux.

— Je suis fatigué de vous et de vos exactions.

— Qu'est-ce que tu veux que je te dise, frère Barabbas ? On est mal vu mais on finit toujours par nous appeler au secours. Pas vrai, mon bon Josué ?

— Sûr, c'est toujours nous qu'on appelle pour les sales besognes.

— À croire qu'il n'y a que nous en Judée.

— Et puis, mon frère, cet après-midi, on l'a bien chauffée, la foule. Sans nous, c'est peut-être bien toi qui y serais à la place du Nazaréen. Et pas sûr que ça lui plaise comme version à ton nouvel ami le zélote.

Barabbas n'avait pas bronché durant tout leur discours. Il avait l'œil torve. Il était sur le point de rompre. Mais il se contint à nouveau. Il le regretta pourtant. Il savait pertinemment qu'il aurait dû les punir sur-le-champ…

— C'est vrai que tu es un bon chef, Barabbas. Aucun de nous n'en doute. Mais je peux te parler franchement ?

— Je suis pressé, Mordohaï.

— Oh ça, je le comprends. Note bien que je ne veux pas me mêler de ce qui ne me regarde pas. Moi, je tiens à rester à ma place. Si tu me dis d'aller tuer Hérode, j'irai tuer Hérode. De même, si tu me dis d'aller lécher les pieds d'Hérode, j'irai lécher les pieds d'Hérode. Tu me suis Barabbas ?

— Dis ce que tu as à dire, Mordohaï.

— Bon, je ne veux pas abuser de ta patience ni te mettre dans l'embarras, mais les gars du Nazaréen, entre nous soit dit, j'y crois pas trop.

— Je ne te demande pas d'y croire. Je te demande d'obéir à mes ordres.

— J'étais sûr que tu ne m'écouterais pas. Ah, quand tu as une idée fixe Barabbas, tu es le pire d'entre nous !

— Assez de palabre. Amenez-le-moi.

Il se gratta la tête…

— Faudrait déjà qu'on le retrouve.

— On voulait voir si le gars résisterait aux hyènes. Moi, je l'aurais bien tué mais Mordohaï, lui, il a une conscience. Alors on lui a pas ravi l'esprit, ajouta nonchalamment Josué.

Les épaules de Barabbas s'affaissèrent légèrement. Il aurait dû les punir. Cependant, les punir, c'était prendre le risque de laisser passer l'occasion En prison, il avait imaginé un plan d'action méticuleux. Mais ses hommes de main se moquaient du destin d'Israël. Ils attendaient autre chose de lui. Il devait leur montrer qu'il la possédait toujours, cette incomparable férocité. Il devait leur prouver que la prison et la fréquentation des Romains ne l'avaient en rien altérée. Barabbas passait l'examen, l'épreuve réservée à tous les chefs de bande qui ont le malheur d'avoir été capturés et dont la remise en liberté est douteuse.

Il se décida enfin, s'empara de son glaive, s'approcha de Josué, et le saisit à la gorge.

— Sale chien, qui es-tu pour interpréter mes ordres ? La putain qui t'as enfanté ne t'a donc jamais appris les lois de l'obéissance ? La prochaine fois je répandrai tes entrailles et je laisserai le soin aux charognards de t'achever.

Il taillada l'oreille de Josué. Il marqua toutefois un moment d'hésitation, ce qui ne leur échappa pas. Barabbas s'était tourné vers Mordohaï :

— En veux-tu davantage, mon frère ?

— Barabbas, Barabbas, comme je te retrouve, s'était exclamé avec emphase le séide…

Mais l'œil rempli d'admiration et de soumission ne brillait plus comme autrefois. Le tigre avait bu le lait des Romains. Il griffait maintenant, comme un chaton…

— Bande l'oreille de cet imbécile et ramenez-moi l'autre vivant. Sinon ne vous présentez pas devant moi. Mais sois sûr que je saurai vous retrouver.

Mordohaï avait redressé Josué. Il riait presque de la grimace de douleur de son acolyte. Comme tout cela était ridicule et pathétique. Il n'écoutait déjà presque plus les menaces de Barabbas. Il le ramènerait juste pour s'amuser encore un peu, juste pour revoir le tigre encore une fois. Après, il serait temps d'achever la bête.

Barabbas

Le feu crépitait. Le shabbat avait commencé. Au loin, malgré l'influence des pèlerins, la ville semblait tourner au ralenti. Barabbas songeait au grand jour qui l'attendait. Il fallait agir vite, mais il était trop connu à Jérusalem. Se faire oublier aurait été la meilleure solution, mais c'était prendre le risque de laisser passer l'occasion du grand soulèvement…

Les papillons de nuit tournoyaient autour des flammes. Ils dansaient, rendus ivres par la lumière. Ils dansaient et se consumaient bientôt dans le brasier ardent. Il se rappela son père qui les chassait à coup de bâton en invoquant l'Éternel. D'ailleurs ce bâton chassait tout ce qu'il jugeait mauvais. Quand il avait demandé la bénédiction paternelle, c'est le bâton qui l'avait accueilli. Qu'avait-il fait qui lui avait tant déplu ? Mais son père était fou, comme des milliers de Juifs, perclus de souffrances et de frustrations. Il détestait ses enfants excepté son dernier né David dont il était persuadé, à l'instar du grand roi, qu'il devait racheter sa maison. Son rêve de puissance était tel qu'il avait tout passé à son cadet au point d'en faire une petite créature pourrie et chétive. Lorsque le présumé sauveur tomba malade et finit par expirer, il accusa ses proches de l'avoir empoisonné. Jamais il ne se remit en question et ne s'interrogea sur le fait d'avoir choisi le plus faible pour assurer sa postérité. Tout le restant de sa vie, il cria au complot, lançant des imprécations contre son entourage. Il mourut conformément aux prescriptions de la Loi mais sans l'amour de ses enfants.

Une nuit, Barabbas entendit sa mère sangloter. C'est alors, tandis qu'il cherchait à la réconforter, qu'elle lui confia que, jeune, son père n'était pas comme ça. Les premières années, ils avaient été heureux. Son père avait célébré avec joie la naissance de chacun de ses enfants... Et puis il y avait eu la disgrâce. Hérode l'avait chassé du palais sans que jamais personne n'en sût le motif exact. À partir de ce jour, il changea du tout au tout, devint agressif, se mura dans un silence dédaigneux et se mit à détester tout le monde sauf son dernier-né.

Cette révélation fit souffrir Barabbas davantage que tous les coups de bâtons qu'il avait reçus. De son père il ne connaissait donc que la nature tarie, abîmée par les épreuves. L'homme bon et juste lui était inconnu. Tout ceci était le signe de la malédiction d'Adonaï sur son peuple. Du jour au lendemain, des hommes honnêtes étaient frappés par le désespoir et ne s'en remettaient jamais. Il en conçut de la colère contre l'Éternel et une haine irréductible contre les suppôts de Rome. Si la vie avait été différente, peut-être aurait-il été un bon Juif. Mais il était de la race de ceux qui ne se soumettent pas et qui préfèrent finir les armes à la main. Demain il agirait en conséquence. Il irait à la synagogue, prendrait le risque de contacter les chefs du parti zélote. Il leur expliquerait alors qu'il avait convaincu les Nazaréens et les baptismaux de le suivre, que le temps de l'union sacrée était venu, qu'il ne briguait aucune investiture ni reconnaissance mais se voulait avant tout défenseur de sa terre. Il leur expliquerait tout son plan, et si les zélotes étaient des amoureux de Canaan, alors il le saurait pour de bon.

Les phalènes continuaient leur danse infernale. Le feu inébranlable guettait ses victimes amoureuses. Barabbas s'assoupit légèrement. Il était fatigué mais il n'était pas mort, oh non, il avait trouvé les ressources pour échapper au supplice et maintenir vivace son rêve…

Salvitius

Un peu plus haut, dans les fourrés, une silhouette jubilait qui observait Barabbas avec ravissement et avidité. Elle aussi était en train de mettre au point son chef-d'œuvre.

— Dors, mon enfant, dors. Demain tu iras à la synagogue, tu rencontreras les chefs des séditieux, tu leur raconteras plein de belles histoires, plein de sornettes très bien tournées, et tu les convaincras de te suivre, et moi, Salvitius, je serai là. Celui qui croit qu'il naît affranchi ne connaît pas l'existence de Salvitius. Mes petits, mes petits, comme je vous aime. Oui, c'est ça ; cherchez-vous les uns les autres. Organisez-vous, regroupez-vous et moi, je serai là pour vous admirer, vous cueillir et vous offrir à Tibère. Barabbas, profite bien de ces quelques heures, mon petit doigt me dit que tu n'en as pas pour très longtemps avant de croupir à nouveau dans ton cachot puant.

André

Le calme revenait peu à peu. Tout d'abord le peuple avait paniqué et puis, devant la légèreté des dégâts, il s'était trouvé ridicule et cherchait à présent à faire bonne figure.

André n'avait toujours pas retrouvé Pierre. Mais était-ce là que résidait son principal souci ?

Il commençait à réaliser que l'obsessionnelle recherche de son frère était un expédient pour repousser loin de lui la cruelle réalité. Il avait couru tout l'après-midi afin d'éviter de penser au Rabbi. Il se rappela la nuit à Gethsémani durant laquelle il s'était endormi alors que Jésus priait. Cette incapacité à l'effort et à la fidélité l'accablait. Dans sa famille, il avait toujours été un bon fils, toujours respecté ses parents, toujours été travailleur. Il s'était montré enthousiaste et assidu aux enseignements de Jean le Baptiste. Quand Jésus l'avait choisi, il l'avait suivi sans condition et avait participé avec ferveur à l'élaboration de la communauté. Mais très vite, Jésus était devenu taciturne. Ce changement radical, l'ensemble des disciples l'avait ressenti. Tous avaient eu l'impression que Jésus ne s'adressait plus à eux. C'est alors que les premiers symptômes de jalousie et de controverse féroce s'étaient manifestés…

Autrefois, sur les bords du lac de Tibériade, il avait crié à tout Béthsaïde qu'il avait trouvé l'homme qu'il avait toujours cherché, celui dont Jean le Baptiste parlait. Ses cousins avaient bien ri, oh oui, ils s'étaient pliés littéralement en deux devant sa mine énamourée. Quelle drôlerie que le sieur André, pêcheur d'eau douce de son état, soit appelé par le messie, celui qui allait libérer Israël des Romains. Ah, çà ! on peut dire qu'une telle tranche de rigolade, cela faisait des années qu'on n'en avait pas connue. André avait passé son chemin mais n'avait jamais oublié ces rires d'incrédulité. Les mois passant, ces rires continuaient de le hanter. À force, il lui semblait que c'était le rire du démon qui jaugeait son âme. Maintenant que le Rabbi était mort, qu'il avait pris les jambes à son cou pour échapper à des hommes qui ne le poursuivaient même pas, les rires redoublaient. Le visage déformé de ses cousins le déchirait. André aurait voulu se crever les tympans. Il n'en pouvait plus. Ce n'était pas Pierre qui avait besoin de lui mais lui qui avait besoin de Pierre. Ah, il avait fière allure, le chantre de l'élu. On voyait qu'il avait l'expérience des tempêtes… Mais taisez-vous donc, taisez-vous donc ! Rien n'y faisait. Il pleurait mais ces larmes avaient un goût frelaté.

— Des larmes de marin d'eau douce !

— Taisez-vous donc ! Ce n'est pas ma faute, non ce n'est pas ma faute !

— À qui la faute alors ? L'embarcation n'était pas du premier choix, faut bien avouer ! Eh, mes frères, André, il ne sait même pas nager !

André pleurait de rage.

— Pardon Rabbi, pardon…

Mais que valait son repentir ? Juste le rire gras de ses cousins…

Thaddée

— Allez, on se réveille. Fini les rêves à la belle étoile ! Eh oui, c'est encore nous. Debout, mon frère, et puis ne regarde pas le pauvre Josué comme ça. Il a fait une mauvaise rencontre. Tu vois, cela arrive à tout le monde.

Il avait été réveillé à grands coups de pied dans le dos. Les torches l'aveuglaient. Il pensait être en paix et voilà qu'on venait encore une fois le déranger.

— Laissez-moi, par pitié ! Laissez-moi ou tuez-moi une bonne fois pour toutes, je vous en conjure !

— Tu nous en conjures ? Mais on n'est pas là pour te tuer. On vient au contraire te ramener au pays des vivants. Tu crèveras une autre nuit. Allez, fais pas d'histoire. Debout, il y a quelqu'un qui veut te voir.

— Mais tout à l'heure...

— Tu sais que tu es drôle, toi. Écoute, on t'a un peu malmené, c'est comme ça. Ne cherche pas à comprendre. Si on avait voulu te crever, on n'aurait pas fait toute cette comédie. Tu nous prends pour qui ? Quelqu'un t'attend, qui a des grands projets pour toi.

— Des grands projets pour moi ?

— Mais oui. Des grands projets. Si tu crois que le monde s'arrête à ton prophète de pacotille... Crois-moi, celui que je vais te présenter est de la race des seigneurs.

— Qui est cet homme ?

— Le seul et unique bandit d'honneur de toute la Judée-Samarie, celui que même l'empereur craint.

Ils s'amusaient follement. L'angoisse étreignait Thaddée. Petit à petit, le visage de l'ennemi se dessinait clairement devant lui. Pour rien au monde il n'aurait voulu entendre son nom.

— Barabbas...

À l'évocation de Barabbas, Thaddée se mit à courir dans la nuit. Il ne réfléchit pas. Il bondit d'un coup au risque de se rompre le cou. Il dévala la colline. Les mots qu'ils venaient de prononcer annonçaient l'avènement de Satan. Il eût mieux valu que ces hommes fussent venus pour l'exécuter.

— Hé, hé ! Mais reviens !

Ils s'étaient laissé surprendre et Mordohaï s'était affalé sur les cailloux, sa torche manquant d'embraser sa toge. Il jurait tout son soûl.

— Josué, on est fait si on ne retrouve pas ce chien !

— Moi, je t'avais bien dit qu'il fallait le tuer tout à l'heure.

— Tais-toi ! Il nous le faut coûte que coûte !

— Dans la nuit, on ne le retrouvera pas. Doit avoir des amis dans le village plus bas. On va gagner l'arrivée des Romains !

Ils se jetèrent un coup d'œil et en un instant la décision fut prise. Ils éteignirent leur torche, se remirent en selle sans dire un mot, et firent marcher les chevaux au pas. Ils avaient jugé en leur âme et conscience. Leur silhouette découpait la nuit. Autrefois, en Israël, il y avait un tigre. Autrefois...

Pendant ce temps Thaddée avait roulé, roulé et roulé encore. Tout son corps le faisait atrocement souffrir. Le sang coulait dans sa bouche. Cette fois, c'était la fin. Il était temps que cette stupide comédie se terminât. Il était temps que l'Éternel abattît sa main sur cet avorton. Il ne pouvait pas en faire plus de toute façon. Au moins, sur ce point, il ne s'était pas montré totalement indigne du maître. Il se sentit en paix. Il souhaita mourir mais constata avec regret qu'il respirait encore et toujours. Il entendit se rapprocher le bruit des sabots. Ce n'était donc pas fini.

Il chercha tant bien que mal à ne plus respirer mais il avait l'impression que l'univers tout entier n'entendait que lui. « Ils vont m'attraper, ils vont m'attraper et me livreront à Barabbas. Je ne veux pas, je ne veux pas... »

Il se demanda s'il n'avait pas atterri sur le chemin qui était en contrebas de la colline. Quelle ironie, s'échapper pour mieux s'offrir. Ils allaient le trouver. Ils le battraient encore mais pas suffisamment pour l'achever, puis ils le déposeraient aux pieds du monstre. Et les sabots étaient là avec le soupir des bêtes et l'odeur des hommes. Thaddée avait les poumons sur le point d'éclater.

Mais les sabots passèrent avec le soupir des bêtes et l'odeur des hommes. Oui, les sabots disparurent dans la nuit, alors Thaddée put sangloter de joie car il aimait encore trop la vie...

Jean

Les prières rituelles avaient été faites. Le deuil serait communément observé. Jean se rappelait ce psaume qui invitait à ne pas rester plus de deux jours dans l'affliction et à se préserver d'un chagrin omniprésent, car le cœur ne pouvait se morfondre sous peine de dépérir, car l'Éternel voulait un peuple sain, soumis et respectueux, pas un peuple gâté par la mort.

« Eh petit papa Zébédée, que ferais-tu à ma place ? Tu ne veux pas me répondre. Je sais que la solution est au fond de moi et que tu nous as toujours incités à trouver les solutions en nous-mêmes, à ne jamais désespérer, à faire confiance en la bonne étoile qui a toujours préservé Canaan. Je sais que tu n'es pas l'Éternel. Mais je suis au fond d'un puits.

Parle-moi, petit papa Zébédée, parle-moi, je t'en supplie. »

Mais petit papa Zébédée ne répondait pas. Le jour abandonnait les sépulcres aux ténèbres toujours recommencées. Un petit vent frais rappelait que l'été n'était pas encore là. Marie, mère de Jésus, demeurait prostrée sous les ramures d'un olivier. Il n'osait lui parler. Il savait que tous les mots seraient dérisoires en face d'une telle souffrance. Il s'étonnait déjà de son endurance et se demandait combien de temps elle pourrait tenir avant de s'effondrer. Marie-Madeleine, l'ancienne prostituée, avait tenu à embrasser les pieds du mort et à enduire son corps d'un parfum qu'elle avait elle-même confectionné, puis elle s'était enfuie. Joseph d'Arimathie, qui avait été le plus entreprenant durant ces dernières heures, s'était soudain voûté. Il était clair que son rôle était terminé. On lui saurait gré de son intervention mais on se rappellerait aussi son silence durant les heures où le sort de Jésus s'était décidé. Dans le même temps, personne – excepté Pierre – n'avait tenté quelque chose. Tout le monde avait fait comme si le pire était impossible et le pire était advenu. Comment tous ces hommes et femmes n'avaient-ils rien vu venir ? Comment expliquer qu'ils n'aient eu aucune capacité de réaction ? L'Éternel aurait-il donc choisi d'embrumer leur esprit ? Pourtant il avait assez vite compris que Jésus était un irréductible et que sa volonté de lutter pied à pied avec le Temple ne faiblirait jamais. Il connaissait la perversité de Caïphe et savait que toute cette affaire ne pouvait se terminer que par la ruine de l'un ou de l'autre. Sans doute, il avait mal jugé la popularité de Jésus et au faîte même de sa gloire se situait déjà l'amorce de son déclin. Et comme toujours lorsqu'on se croit à l'abri des catastrophes, la tragédie survient. Bien entendu, il était coupable de négligence, coupable d'omission, coupable de lâcheté. Le courage eût été de mettre en garde le Rabbi et pour cette seule fois-là, de s'opposer à lui. Mais son verbe était imparable. Ce n'était pas l'homme qui avait réponse à tout, mais qui devançait chacune de vos objections. Son don était prodigieux. Jean eut un frisson. Depuis longtemps déjà il n'osait se l'avouer. Chaque fois que cette pensée lui venait, il faisait en sorte de la chasser, de la refouler au tréfonds de sa conscience et maintenant, elle s'imposait à lui. Le seul qui pouvait dialoguer d'égal à égal avec Jésus, c'était Satan…

Ils avaient donc enseveli le corps rapidement comme le voulait la coutume. Ils l'avaient parfumé et enroulé dans un linceul. Joseph d'Arimathie venait présenter ses condoléances à la mère de Jésus et aux quelques proches qui n'avaient pas craint la vindicte de la populace. Il était pâle et grave. Il portait sur lui toute l'horreur qu'inspirait le Temple à l'assemblée. Il s'agenouilla devant Marie et lui demanda pardon au nom de la mémoire de l'illustre Salomon. Il pleurait.

— Il est mort comme un prince, pendant la Pâque et la veille du shabbat. L'Éternel avait foi en lui. Moi, je ne suis rien. Lui, il avait reçu tous les dons. Il était né pour être notre roi. J'honorerai sa mémoire tout ce qui me reste à vivre.

Et prononçant ses mots, il déchira ses vêtements et, se retirant, il porta les mains à son visage. Jean le regardait s'éloigner. Et ses doutes sur la personnalité de Joseph s'estompèrent.

Un cousin inconséquent les invita à partager sa demeure pour le shabbat. Mais Marie indiqua qu'elle souhaitait demeurer chez Marthe et respecter le deuil tel qu'ils l'avaient toujours fait.

Faire ce qu'avaient toujours fait leurs ancêtres, c'est tout ce qu'il leur restait. Les Hébreux avaient perduré grâce à la tradition, c'est donc encore et toujours à la tradition qu'il fallait s'accrocher. Demain, malgré le chagrin et la colère, il irait au Temple. Il écouterait la prière lue par le grand prêtre, il réciterait les psaumes et dans son for intérieur il se persuaderait que tel est le destin des Juifs, car le Rabbi n'avait cessé de lui répéter « je ne suis pas venu abolir mais accomplir ». Ce que le Rabbi était venu accomplir, Jean n'en saurait jamais rien mais il comprenait à présent qu'il n'avait pas voulu mêler ses frères à son conflit contre les chefs des prêtres. Il avait cherché à les préserver de toutes les tentations hétérodoxes et simplement à les faire pénétrer dans l'essence des textes. Le Rabbi avait été immolé non parce qu'il désirait le pouvoir et la destruction de la synagogue mais pour que la puissance du verbe de l'Éternel brillât comme autrefois.

Chez Marthe, rien n'avait été préparé ; la vie s'était figée. Il y avait des pleurs, puis du silence puis à nouveau des pleurs. Lazare avait disparu. C'était une tragédie de plus à supporter.

La nuit l'enserrait. Le manque de nourriture conjugué à la fatigue attaquait son jugement, mais il ne réussirait pas à fermer l'œil. Il le savait, il allait bientôt pénétrer dans l'antre des cauchemars et les cris, les râles et le sang du prophète seraient son châtiment jusqu'au jour béni de la libération. Le jour béni de la libération ? Quel étrange personnage il était ! Les expériences ne lui étaient d'aucun secours, il était incorrigible. Il espérait toujours son avenir merveilleux et un monde fait de justice et de vérité, bien qu'il sût qu'il n'en verrait jamais l'éclosion. Il pensait à tous ces Juifs qui avaient connu la mort en captivité et qui n'avaient cependant cessé d'espérer en leur libération ; et si elle ne venait pas, en la libération de leurs enfants ; et si la libération de leurs enfants ne venait pas, en celle de leurs petits-enfants. Oui, il n'avait cessé d'espérer car malgré les péchés, la médiocrité, l'impiété, l'Éternel n'avait jamais abandonné son peuple et brisé son Alliance.

C'était ainsi. Il fallait continuer. À cet instant il saisit clairement la parole du Rabbi. S'occuper de sa mère, ce n'était pas porter assistance à une femme en détresse : cela, c'était de l'ordre de la loi commune. S'occuper de sa mère, c'était continuer à être juif, ne pas perdre le fil de la race. C'était, malgré l'injustice et la menace du chaos, conserver l'identité commune...

Mais les paupières étaient trop lourdes. Il n'avait déjà que trop lutté. Il s'était assoupi comme l'autre soir à Gethsémani. Son esprit était dorénavant sans défense ; le rêve était un loup qui allait le dévorer.

« Et Jésus choisit Pierre, Jacques et Jean sur la montagne. Les autres restèrent là et en conçurent une grande jalousie. Judas avait alors pris la parole et incité ses camarades à garder leur rancœur et à faire preuve de mesure. Chacun devait d'abord chercher la poutre qu'il avait dans l'œil avant d'aller chercher la paille dans celui du voisin. Judas, ce jour-là, fit grande impression, et gagna le respect, à défaut de l'affection, de tous. Une autre fois encore, alors que la grogne gagnait le groupe, il s'était montré raisonnable et avait apaisé les esprits. De nouveau, il était apparu comme une figure de sagesse. Cependant aucun d'entre eux n'aurait donné une de ses sandales pour lui. On ne parvenait pas à l'aimer. Il semblait toujours qu'il eût à prouver sa légitimité. Autant il était facile de stigmatiser Matthieu dont la fonction portait la réprobation quasi générale, autant Judas était une énigme pour la bande. Ce qu'aucun n'acceptait, en vérité, c'était sa proximité avec le maître. Par moment le Rabbi le prenait à part et discutait longuement avec lui. Ce dont ils parlaient, les disciples l'ignoraient mais cette situation les agaçait. Que Jésus lui eût témoigné une préférence à lui, Jean frère de Jacques, personne n'y trouvait rien à redire. Il s'était imposé très vite comme l'interlocuteur le plus qualifié, celui qui avait manifesté les plus grandes aptitudes sur les questions d'ordre théologique. Oui, il était celui qui avait hérité tous les dons de Jean le Baptiste. Il méritait son épithète de bien-aimé. Mais ces longs conciliabules avec cet homme qu'on ne pouvait cerner étaient déconcertants. Le pire, c'était le visage de l'Iscariote lorsqu'il revenait de l'un de ces entretiens. C'était un visage fatigué qui souriait pour la forme mais qui, au fond, vous assénait que tout ça n'était pas très sérieux et finirait mal. À son contact on ressentait un malaise inavouable et le doute s'installait. Il fallait toute une nuit de combat acharné pour le chasser. C'est pour cela que Judas n'était pas aimé. Il était la conscience obscure de cette folie ; jamais Judas ne remettait en cause les paroles du Rabbi. Il en était juste l'accompagnateur blasé et désenchanté. Il serait le seul qui aurait la force de trahir… »

Jean se réveilla en sursaut. Marie, mère du Rabbi, se tenait devant lui. Il en fut à nouveau stupéfait mais cette fois il remarqua que ses yeux étaient rougis. Elle le vit et s'effondra.

— Il le fallait, mon petit, je ne pouvais pas me répandre devant tous ces assassins. Soutiens-moi, fils, soutiens-moi. Je ne suis pas si forte que j'en ai l'air. Adonaï, pourquoi l'as-tu abandonné ?

Elle pleurait des larmes qui avaient trop attendu pour couler. Elle pleurait des larmes amères et inutiles. Elle pleurait d'être la mère d'un prophète.

Et Jean commençait à pleurer avec elle. Lui aussi, il versait des larmes amères et inutiles, des larmes qui avaient attendu trop longtemps pour couler. Il pleurait d'être le frère d'un prophète.

Marie, mère du Rabbi, interpellait l'Éternel :

— La souffrance, une souffrance séculaire, toujours ce sempiternel sentiment que nous souffrons plus que les autres, toujours ce goût du malheur au fin fond de notre gorge... Et cependant cette conviction que nous ne pouvons pas mourir, Seigneur...

Jean la reconnaissait bien là, fière et irréductible... Elle avait toujours vécu dans l'ombre de son fils et n'avait jamais discuté ses choix. Depuis le début, elle souffrait terriblement mais ne s'épanchait jamais. Du temps où Joseph était encore là, elle avait essayé de le comprendre, son enfant béni. Mais son intelligence était trop brillante pour la Galilée. Jésus avait stupéfié les rabbins de sa synagogue par sa connaissance de la Mishna. Elle avait alors admis qu'il aurait un rôle à jouer dans le destin d'Israël. Aussi, quand il se décida à rejoindre le cercle de Jean le Baptiste, elle ne chercha pas à l'en dissuader. Elle savait qu'elle devrait le suivre et attendre l'accomplissement de sa mission. Mais sa souffrance ne diminuerait pas. Bien au contraire, elle irait crescendo, car tel était le destin des prophètes, souffrir afin de rappeler l'Alliance, souffrir car l'Éternel les avait choisis.

L'écrasement achevait d'asseoir son empire. Au petit matin, il serait définitivement des vaincus. L'étude de la Torah aurait perdu tout sel. La gloire de l'Éternel serait chantée par des maudits.

Tout homme devait connaître un jour la défaite, voir ses certitudes mises à mal. Tout homme se devait de se mettre en quête de tout réapprendre. Avec Jésus, il avait été séduit par cette volonté de s'émanciper des pesanteurs de la tradition. Les pharisiens et les esséniens le fatiguaient. Il comprenait leur attachement aux règles séculaires et partageait la majorité de leurs commandements mais tout ça se perdait en conjectures interminables et inutiles. Que devenaient les pauvres, les malades, les persécutés ? Jésus avait redonné du sens à ce qui n'en avait plus. Il avait montré la voie pour un renouveau sans jamais renier les fondements de l'Alliance.

Mais Jésus avait échoué à convaincre les pharisiens et les pharisiens avaient fini par le considérer comme un Grec. Certains affirmaient même que c'était lui, le disciple préféré, qui avait corrompu le cœur du Rabbi et l'avait amené au blasphème. Ils professaient qu'il fallait encore plus se méfier des Grecs que des Romains. Leur séduction était toute intellectuelle et esthétique. Ils charmaient le cœur des Juifs récalcitrants, mais ils étaient comme les Égyptiens, dominateurs et sanguinaires. Au temps d'Alexandre, les crucifiés auraient fleuri en grappe et les Juifs auraient dû adorer les idoles. Bien entendu, ils réfutaient la légende qui rapportait qu'Alexandre s'était tenu à genoux devant Jaddous, le grand prêtre de l'époque. Les Juifs de la diaspora étaient des beaux parleurs ; ici c'était Jérusalem, la terre de l'élection et de l'accomplissement des prophéties. Il était temps de recouvrer la pureté originelle et de couper la langue des impies.

Ils appuyaient leur démonstration à grands renforts de commentaires en ne se souciant pas de l'exemple qu'ils donnaient. Mais quel pharisien pouvait se targuer d'avoir fait autant pour la cause de l'Éternel que Jésus durant ces trois dernières années ? Ils avaient pourtant refusé l'évidence et préféré bâillonner la voix du prophète. Dans leur entêtement, ils étaient cependant fidèles. Ils voulaient le bien mais en laissant de côté l'héroïsme et l'amour. Ils voulaient l'Éternel par la petite porte. Ils le craignaient, ils avaient peur de son châtiment, leur âme était propre mais toute minuscule, chétive et sans floraison. Ils étaient nés pour être en servitude, pensa Jean…

Il entendit du bruit dans la ruelle. On venait donc les chercher. Eux aussi, leur destin avait été scellé. En plein shabbat, sans aucune considération, ils seraient arrêtés par les légionnaires, parqués dans une prison sinistre et, après un simulacre de procès, condamnés à un supplice infamant. On frappait mais personne ne cherchait à défoncer la porte ni ne lançait des menaces et des injures. On frappait à la porte presque timidement, comme pour s'excuser de déroger au commandement, comme pour espérer un secours sans trop y croire, comme pour rappeler que tout à l'heure on avait failli.

Marthe s'était précipitée. Elle espérait Lazare. L'Éternel lui pardonnerait bien son empressement. Que valait l'impureté, en cette nuit où elle perdait un frère et un ami ? Mais en face d'elle, n'osant la regarder, il n'y avait ni son frère, ni un ami, encore moins l'espoir d'un futur époux. Il n'y avait qu'une énième marque de leur déchéance... Pourtant, il avait été l'un des préférés. Il avait suivi le maître sur le mont Tabor. Il avait vu ce que les autres n'avaient pu voir. Et malgré ce privilège insigne, il n'avait pu supporter son regard lors du procès et avait abandonné le maître à ses bourreaux.

À l'instar du fils prodigue, il revenait présenter ses excuses au père. Mais le père n'était plus là. Son retour ne serait pas célébré par des cris d'allégresse. Seul ce triste silence maintes fois recommencé depuis des heures lui tendait les bras.

Jacques – Jean

Jean reconnut, dans l'embrasure, son frère Jacques. Et malgré ce silence de plomb, cette souffrance palpable jusque dans la moindre brindille, il ne put s'empêcher d'éprouver un sentiment de joie en le revoyant.

Tout allait trop vite aujourd'hui. Le moindre sentiment prenait les hommes à la gorge, les forçait à plier les genoux, puis à gémir.

Qui était-il pour faire irruption au milieu du deuil et du shabbat ? Tous se tenaient dans le vestibule, les yeux tournés vers lui comme des milliers d'accusations. Ils ne l'exonéreraient pas de son manquement. Pourquoi reviens-tu ? Et si tu reviens, pourquoi maintenant ? Ne pouvais-tu pas attendre les sept jours prévus pour le deuil ? Et il était là comme un chien battu. Il attendait qu'on lui fasse signe. Et dans l'assemblée ainsi regroupée, personne n'osait prendre la parole. Il le fallait pourtant, le chasser ou l'accueillir. Il le fallait. Mais dorénavant ils étaient tous des orphelins. Jean le dévisageait. Il contemplait sa peine et son appel au secours, et dans ce visage qui s'apitoyait sur lui-même, il se reconnaissait, comme il reconnaissait la mine de Joseph d'Arimathie, les grimaces de la Madeleine, l'agitation de Marthe, la douleur de Marie, mère du Rabbi. Oh oui, il ne le reconnaissait que trop bien, ce visage. C'était celui du premier cercle des disciples qui ne cessaient de se plaindre et de se quereller. C'était cette lente et inexorable dérive qui avait isolé le prophète de sa base. Quand il avait fini par se proclamer fils de Dieu, ils s'étaient tous regardés et ils avaient oscillé entre un sourire complaisant et une franche incompréhension. Ils l'aimaient mais petit à petit le ver avait commencé par attaquer la pomme et la perspective d'une folie ou d'une supercherie avait fini par leur effleurer l'esprit. Le Rabbi était peut-être sincère mais il devait être fou pour s'affirmer fils de Dieu et dans le même temps asséner que la liberté d'Israël importait peu. Fou ou alors… Où était le juste et l'injuste, le vrai et le faux, le bien et le mal ? Jésus avait tracé sa voie sans jamais se soucier des médisances et de la calomnie. Il avait tracé sa voie avec la certitude de ceux qui connaissaient les volontés de l'Éternel. Il était certainement un élu comme Moïse ou Isaïe en leur temps. Mais était-il l'Élu, celui venu accomplir la réalisation du royaume en terre de Canaan ? Était-il l'homme qu'ils attendaient – car ils attendaient un sauveur, mais pas ce messie-là, pas un messie qui leur prêche l'effort, l'ascèse et l'amour de l'ennemi. Ils avaient tellement souffert depuis des générations qu'ils espéraient l'Envoyé qui les installerait enfin dans la gloire, qui détruirait pour de bon tout ennemi d'Israël. Ils voulaient l'accomplissement de la promesse…

Et dans ce visage, il y avait toute l'incompréhension et la détresse d'un enfant qui se sent abandonné et qui ne sait pas si son père reviendra un jour. Oh ! que ce visage lui faisait mal. Et Jésus avait tracé sa voie, et le soleil à son zénith avait rencontré sa nuit, et l'homme sans soleil était comme le chien privé d'odorat et les abeilles sans reine. Les hurlements et la panique devenaient son quotidien. Il était condamné à errer jusqu'à l'épuisement et la suffocation. Il était condamné… Oh mon frère, comme la douleur ne te va pas !

Il s'était avancé, avait franchi la ligne fatidique. À cet instant il était impur. À cet instant il rompait le deuil. À cet instant il se sentait le père, celui qui avait été désigné de la bouche même du maître. Il lui tendait les bras. Il l'invitait à entrer, à revenir dans le cercle étroit de la famille. Il lui accordait sa bénédiction.

« Oui, petit papa Zébédée, tu lui avais finalement montré la voie. Ne jamais maudire ses enfants. Même au désespoir, ne jamais maudire sa race, car nous les Juifs, malgré nos péchés, nos fautes, notre manque de discipline, nos trahisons répétées, malgré tout ce qu'on peut nous reprocher, nous sommes nés pour la vie, nés pour la pérennité car ainsi l'a voulu l'Éternel. »

Il était maintenant parmi eux. Il n'osait encore lever les yeux. Pourtant il savait qu'il ne pourrait surseoir à la confrontation.

Jean indiqua qu'il désirait qu'on lût un extrait des psaumes. Il était nécessaire de regagner la confiance d'Adonaï et d'honorer enfin la mémoire du défunt. Il se tourna vers le nouveau venu et le désigna pour accomplir l'action propitiatoire. Alors Jacques qui obstinément n'avait pas voulu lever la tête dut tous les contempler en face, et quand il croisa le regard de Marie, mère du Rabbi, il s'effondra à son tour.

— Pleure, mon frère, pleure. Car le temps est aux larmes. Bientôt il nous faudra réapprendre à vivre et nos larmes ne pourront plus nous aider. Pleure, mon frère, parce que ta lâcheté est autant la mienne. Pleure, parce que j'ai éprouvé de la colère contre toi et que j'avais oublié ce qu'était la compassion tant mon cœur s'était durci, tant mon cœur ne voulait pas souffrir avec lui.

Jean s'arrêta. La douleur était trop forte. Pris d'une fièvre soudaine, il s'était emballé et avait lancé ses mots à la face de la nuit. Il se sentait maintenant vidé. Sa voix s'était brisée. Ses sanglots montaient aux cieux comme un inextinguible *kaddish*. Ça y est, il était entré dans le deuil. Il commençait à en mesurer la puissance.

— Pourquoi Seigneur, pourquoi faut-il que nous souffrions tant ?

Alors le nouveau venu psalmodia la prière funéraire. Il tanguait, ballotté comme au milieu d'une tempête. Il tanguait et les mots déchiraient les ténèbres, atténuaient la malédiction, offraient à l'homme une rémission.

Et Jean cette fois ne résista pas. Il se précipita et étreignit son frère. Comme il était heureux de le voir ! Comme dans ce moment terrible il remerciait le Seigneur de le lui avoir rendu ! C'était inespéré. Aussi vite, vivant et sans blessures...

Mais dans son empressement, Jean avait oublié la détresse des femmes. Son effusion avait beau être sincère, elle était une faute aux yeux de la communauté. C'était afin d'en maintenir la cohésion qu'il avait pris la parole il y a quelques instants, afin de ne pas enterrer son rêve... Il ne pouvait ignorer plus longtemps les sentiments de ses proches. Il était là pour que tous retrouvent un semblant de dignité, pour que les visages hilares de Caïphe et d'Hérode ne triomphassent plus. Il comprit qu'ils attendaient ses commandements.

— Nous respecterons le deuil ainsi que nous l'avons toujours fait pour n'importe lequel de nos proches et puis nous nous mettrons en quête de tous nos amis. Celui qui est mort pour nous n'attend pas autre chose de nous. Chacun demeurera libre mais il est de mon devoir de rappeler à chacun ses promesses. Si nous devons être arrêtés et comparaître, nous n'opposerons aucune résistance, et nous nous plierons à la sentence aussi injuste soit-elle. Si le Sanhédrin nous laisse en paix, nous continuerons à vivre comme auparavant. Celui qui viendrait à maudire l'Éternel et la Torah à cause de ce qui est arrivé au Rabbi, celui-là est un maudit. Malgré le crime nous continuerons à fréquenter la synagogue et à accomplir les rites exigés par la Loi.

Il avait puisé au plus profond de lui pour se donner une contenance. Comme il se trouvait ridicule en comparaison de la facilité avec laquelle Jésus s'adressait aux hommes. Il parlait avec emphase. Il lui semblait que tous ses talents l'avaient fui et qu'il était un petit garçon démuni face à l'adversité. Il avait trouvé les ressources pour ouvrir la bouche et délivrer un discours de circonstance, mais les disciples du Rabbi ne seraient pas dupes bien longtemps.

Ils se taisaient à présent. Ils attendaient visiblement la suite. Mais Jean n'avait plus rien à leur dire sinon de prier pour le repos du défunt et d'éviter le péché. Le reste, il en était incapable. Il ne possédait pas le verbe. On l'admirait dans les cercles juifs mais il n'avait encore rien prouvé. Il s'était glissé dans les pas du Rabbi et sa gloire avait rejailli sur lui car de tous ses compagnons, il était le plus enclin à discuter du sens des textes. Il pensait pouvoir voler et voilà qu'il sentait les frontières de l'esprit en lui.

— Je n'ai rien à ajouter pour cette nuit. Malgré la peine, tentons de nous reposer un peu. As-tu faim, mon frère ?

Jacques le regardait enfin et dans ses yeux transparaissaient la douleur, la fatigue et l'admiration.

— Merci, merci du fond du cœur. Tu m'as rendu la confiance. Je sais qu'il est en toi à présent. Je sais que j'ai gravement péché – que l'Éternel me pardonne – mais je sens qu'il est en toi et que rien n'est perdu.

Il fut effrayé en entendant les paroles de Jacques. Il n'avait donc rien compris à ses recommandations. Il s'imaginait qu'il était l'héritier du maître mais l'esprit du maître n'était pas en lui. L'esprit du maître, il l'avait laissé comme tous les autres à Gethsémani. Ce n'est pas à Jésus que Jean se raccrochait mais à la Torah, parce que la Torah, il la savait éternelle. Jésus, il l'avait vu expirer. Il avait vu son corps recouvert d'un linceul et la pierre amenée devant le tombeau.

— Ne dis pas n'importe quoi ! Tu n'as rien vu, rien entendu, comment saurais-tu que le maître m'a légué quelque chose ! Arrière séducteur ! Arrière ! Tu attendras le délai légal pour te réjouir et déballer tes sornettes. Ne me fais pas regretter mon geste ! Je n'ai pas besoin d'un adorateur. Je ne suis que Jean, fils de Zébédée. Ce que j'ai reçu du maître, tu en as reçu tout autant. Tu le nies. Tu continues à fuir. Redeviens celui que j'ai connu ou disparais à jamais de nos vies !

Il était livide, ses mains tremblaient, son corps était au bord de la rupture. Ses yeux crachaient une haine inconnue jusque-là. Jacques crut un instant qu'il allait le frapper et le jeter dehors. Mais il n'en fit rien. Il se retira promptement et le laissa tel un proscrit. En l'espace d'une heure, il était passé du retour en grâce à la menace à peine voilée d'un nouveau shéol. Mais tout ceci ne l'étonnait pas. Il avait failli. Jean avait sans doute raison. Il en était toutefois mortifié. Lui l'aîné, qui avait été circoncis en premier, qui avait toujours été plus fort que son frère, qui l'avait initié à toutes les activités viriles, qui lui avait appris à pêcher, à marcher sur les mains, et même à commenter la Torah, il en était réduit à se faire traiter comme un enfant. Jean, un jour, avait pris l'ascendant.

On ne s'explique pas ce genre d'événement. On se réveille un beau matin et on s'aperçoit que votre cadet s'est levé avant vous, qu'il a prié avant vous, qu'il est le premier dans le bateau et que c'est lui maintenant qui vous donne des ordres. Et tout ceci se passe le plus naturellement du monde sans que personne n'y trouve rien à redire. Mais l'aîné ne comprend pas. Soudain il est dépossédé de ses prérogatives, son étoile pâlit, on l'écoute moins, on ne lui fait plus confiance, on le relègue au rang de faire-valoir. Cette humiliation grandit au point d'en devenir une souffrance intolérable, un pernicieux ressentiment, une jalousie destructrice. Il se souvient de tout ce qu'il a donné, comment on a utilisé son savoir, cette façon qu'on a eu de se servir de lui. Et la colère pousse, pousse toujours plus loin, toujours plus avant et l'inimaginable commence à prendre forme. Il suffirait de prendre un couteau ou de l'abandonner dans le désert, il suffirait de pas grand-chose pour être libéré, pour respirer tranquille comme autrefois. Oui, il suffirait de pas grand-chose… Mais l'ermite parle, cette voix singulière, cette voix d'un autre âge qui le stupéfie au point de calmer sa haine, au point de la désarmer, et cette voix singulière annonce des événements encore plus singuliers. Alors lui aussi, il se baigne dans l'eau et curieusement tout recommence comme autrefois, son cadet le suit dans la piscine propitiatoire et tous deux s'agenouillent bientôt afin d'écouter la voix singulière, la voix qui prêche dans le désert…

— Et vous mes frères, vous êtes mon désert, mais un homme fera de vous un jardin de jouvence. Il rétablira Canaan et réalisera l'Alliance.

Et une matinée, alors qu'ils sont sur la plage, survient l'Homme. Comment savent-ils que c'est lui, ils ne se l'expliquent pas. Et tout se passe si vite, bientôt ils sont des centaines à l'entourer, puis des milliers. Les miracles pleuvent, les prêtres sont dépassés. Israël a trouvé son maître. Israël est sauvé… Alors l'Homme les emmène sur une montagne et leur montre ce que personne n'a encore vu. Ils voient Moïse et Élie à ses côté et l'Homme n'est plus homme, il est le Seigneur tout-puissant. Tout cela est si extraordinaire, si prodigieux qu'ils se demandent s'ils n'ont pas rêvé. Ils redescendent de la montagne et quand on les interroge sur ce que l'Homme leur a révélé, ils sont incapables d'ouvrir la bouche tant ce qu'ils ont constaté les dépasse. Alors ils se taisent, ils font comme si l'Homme ne leur avait rien montré d'important. Et puis les choses tournent mal. On complote contre l'Homme. On veut sa perte et lui ne fait rien pour se défendre. Il envenime même les choses et ce qu'il avait enfoui au fond de lui se remet à bouillonner – oh gentiment au début, comme si de rien n'était, mais il sent que cela est reparti, qu'il n'est pas dégagé de cette douleur intolérable, qu'elle joue à cache-cache avec lui, qu'il ne se débarrassera pas d'elle aussi facilement. Alors Jacques commence à négliger les commandements. Il devient moins assidu à l'enseignement de l'Homme. Ses controverses avec les autres disciples se font pour des motifs futiles. Tous les matins au réveil, il a envie de s'arracher le cœur et de hurler contre l'Éternel qui lui envoie cette punition. Il croit que cela ne cessera jamais, qu'il faut en finir une bonne fois pour toutes, qu'aucun humain normalement constitué ne peut endurer ce qu'il endure, et puis Jérusalem entonne les chants de triomphe, les vivats pleuvent et l'Homme est à nouveau le roi que le peuple espère. Il se souvient du mont Thabor et veut témoigner de ce qu'il a vu mais l'Homme lui enjoint de se taire, lui explique que sa génération n'est pas mûre pour une telle annonce et qu'il doit passer par une période d'ascèse et affronter une épreuve terrible. Mais personne n'imagine en quoi consiste cette épreuve. Et puis tout s'enchaîne si vite. L'Homme annonce qu'on va le trahir et que le traître est à sa table et qu'il a mangé dans son plateau. « Ce soir, maître, ou bien un autre jour ? » Mais il ne répond pas. Il repart aussitôt prier. D'ailleurs, depuis quelques jours, il ne fait plus que ça, prier. Alors ils s'épient tous les uns les autres pour découvrir lequel d'entre eux est le serpent. Mais comment savoir ? Et puis voilà qu'il leur demande de l'accompagner au jardin des Oliviers et d'entrer en communion avec l'Éternel. Mais chacun a en tête la petite phrase qu'il a prononcée tout à l'heure. Et aucun d'eux n'a envie de prier.

— Le traître, le traître qui est-il ? Voilà la seule question qui compte. Est-ce toi, mon frère, ou alors toi ? Toi peut-être… insinue cette voix qui ne cesse de le torturer.

— Moi ? Non, moi ce n'est pas possible, jamais je ne trahirai le Rabbi.

— Tu ne trahiras pas le Rabbi mais tu te sens capable d'éliminer ton frère…

— Tais-toi ! Tais-toi ! Chut, si on t'entend…

— Mais qui veux-tu qui m'entende ? Eh, eh, tu es nerveux. Oui, ton frère, qui a pris ta place, qui a la préférence du maître, l'estime générale de tous ceux qui l'entourent et toi, où en es tu ?

— Chut, chut ! J'ai honte. Que va-t-on penser de moi si on t'entend.

— Mais je te le répète, personne ne peut m'entendre. En vérité qui est le plus coupable : ton frère qui veut exister par lui-même – et c'est bien normal – ou le maître qui ne sait plus voir tes qualités ?

— N'importe quoi, tu racontes n'importe quoi.

— Tu trouves ? Regarde comme il a changé, comme il vous ignore maintenant, comme son regard ne te connaît plus.

— Tout ça, c'est de la calomnie… Non, non, non, le Rabbi est un saint ! Le seul saint que nous ayons en Judée. Comme tu me fatigues à me torturer, comme tu me fatigues…

Et le silence s'abat sur lui. La fraîcheur de la nuit l'enveloppe légèrement. Il a un peu froid. Il aimerait se blottir sous une couverture chaude pas très loin d'un petit feu amical et rassérénant. Oh oui, comme tout cela serait agréable… Il dort profondément maintenant. Et ses rêves ne sont peut-être plus des cauchemars. Il dort à l'instar de ses camarades, tous gagnés par le dieu du sommeil. Il dort et l'Homme, seul, celui qu'on appelle le Rabbi, le maître ou simplement Jésus, prie. Mais il prie comme jamais on a prié. Il prie de sueur et de sang et c'est un combat terrible qui se livre devant le sommeil paisible des disciples préférés. Et son âme est triste à en mourir et son âme sent que son corps lui échappe, qu'il n'en a plus pour très longtemps. Déjà les sandales des gardes battent le pavé des routes romaines et des petits chemins pierreux de Jérusalem. Et bientôt, ils sont là. Ils guettent leur proie et le traître n'est pas loin et Jésus regarde avec consternation les hommes qu'il a choisis pour recevoir sa parole. Sa lassitude est énorme. « On ne peut rien attendre de vous ! Vous n'aurez cessé de me décevoir. Debout, tas de fainéants ! Où vous croyez-vous ? N'ai-je pas insisté pour que vous m'accompagniez dans la connaissance de l'Éternel et de l'Unique ? Et que faites-vous ? Vous dormez ! Vous dormez alors que je ne serai bientôt plus là et que vous devrez vous débrouiller seuls. Mais il est trop tard. On vient me chercher. Restez calmes et tout se passera bien. »

Ils n'ont pas le temps de réaliser. Les soldats sont là et le baiser vient achever l'histoire...

En l'espace d'une semaine il avait connu l'ascension prodigieuse d'un homme et sa chute non moins vertigineuse. Et tout cela le dépassait. Il avait assisté à la mise à mort en spectateur étranger à cette affaire. Jean et les autres devaient penser qu'il avait fui par lâcheté, mais il n'avait pas fui. Il n'avait pas compris. Oui, il voyait bien qu'on avait arrêté Jésus, qu'on le malmenait, que son procès était un grossier simulacre, mais cela n'avait pas pénétré son cœur. Il était resté froid devant l'événement. Certes, il en avait vu des choses incroyables durant ces trois années. L'Homme avait bien marché sur l'eau, rendu l'usage de leurs jambes à des paralytiques et ressuscité Lazare. Que cette faune ait crié à la face du ciel la mort du maître ne l'étonnait guère. N'avait-il pas souvent entendu de la bouche de son père que les prophètes n'étaient jamais aimés dans leur pays ? Mais qu'elle ait pu en si peu de temps se prosterner, le couronner roi et quelques heures après défaire son serment, le piétiner, puis le livrer à notre pire ennemi, non, tout cela était un mirage…

Marthe

Autour de lui, la maison était dans une pagaille indescriptible, fait rarissime car on connaissait la passion de Marthe pour l'ordre, passion qui pour beaucoup rimait avec maniaquerie. Mais Marthe tenait à être maîtresse chez elle. Elle ne laissait pas les hommes décider à sa place et aimait leur résister. Le Rabbi l'avait reprise à plusieurs reprises à ce sujet mais elle n'en avait cure. Elle les connaissait bien, ces beaux discours des hommes sur la beauté et la grandeur d'Adonaï. Ils parlaient tandis que les femmes trimaient. Si jamais elles se piquaient de penser à la Torah, il y avait toujours un mari, un frère ou un cousin pour leur rappeler que tels enseignements de la Mishna préconisaient à la femme de s'occuper d'abord de son intérieur. C'était bien beau de lui reprocher son agitation, mais sans elle qui aurait tenu cette maison, qui aurait permis que tous ces garçons mal dégrossis aient plaisir à se réunir sous son toit et à discuter à n'en plus finir sur le destin de la Judée ? Et puis, s'il n'y avait que les hommes… Il fallait aussi se coltiner les prostituées en plein mysticisme. Ce n'était plus une honnête demeure juive mais le refuge de toute la lie d'Israël. Marthe en avait assez. À force de côtoyer le malheur, de l'accueillir à votre table, il finissait par s'installer, vous trouver appétissante, et finalement vous dévorer… Cette désolation, Marthe l'avait pressentie bien avant tout le monde, parce qu'il y avait beaucoup trop de parasites dans cette bande qui, sous couvert de messianisme, avait trouvé là un bon moyen pour ne pas travailler et vivre de la charité malsaine des partisans du grand Israël… Mais qui avait souci des pensées d'une pauvre fille juive, sœur d'un ressuscité béni par un prophète ? Dans le lot, il y avait bien un futur mari mais elle s'agaçait lorsque Lazare lui parlait de Jean : il lui plaisait un peu mais le plus intéressant, à bien des égards, c'était Thomas. Beau, arrogant, modelé par l'esprit de contradiction, le parfait insolent qui, une fois maté, file doux et s'enfonce dans la fidélité, quoique avec les hommes rien ne soit jamais sûr. Mais Thomas était sans aucun doute le moins juif d'entre eux. En tout cas le moins pieux et le plus disposé à discuter de l'évidence. Quant aux autres, Marthe ne connaissait que trop bien leur fonctionnement. Sans Jésus, ils auraient fini par s'étriper au fin fond d'une taverne et ainsi aurait été réalisé le royaume du Seigneur : dans la boue, le sang, le vomi…

Si Lazare n'avait pas été terrassé, elle les aurait tous chassés. On rapportait que Jésus avait pleuré en apprenant la maladie de son ami. Alors elles avaient décidé, les deux sœurs, à tour de rôle, d'aller faire le siège du maître qui accomplissait prodige sur prodige. Ce Jésus qui prétendait tant les aimer, elles avaient décidé de le travailler au corps, et Jésus, qui avait toujours refusé de faire passer ses sentiments personnels avant la cause d'Adonaï, Jésus, malgré les reproches qui ne manqueraient pas à l'encontre de son geste – il y avait tellement de malheureux –, proclamant la gloire de l'Éternel, avait accompli l'impensable. Et les femmes s'étaient écroulées, anéanties par l'impensable. Cet homme n'était pas un homme, il était d'une autre race et les femmes pleuraient tout autant pour le miracle que pour cette sensation d'impuissance qui les écrasait.

Maintenant il fallait vivre avec le sceau du miracle, il fallait fuir les regards, les conversations et les allusions malsaines. Bientôt, profitant de la Pâque, toute la maisonnée avait déménagé vers Jérusalem, espérant vivre en un endroit où le poids du geste de Jésus ne serait pas connu. Mais les bruits couraient si vite, si bien, qu'on ne leur laissait jamais de repos : on voulait le voir, l'homme qui était en décomposition et qui arborait de nouveau un visage animé. Lazare en avait perdu toute joie de vivre et Marthe et Marie se doutaient que tout ça était trop beau pour être vrai. Elles s'attendaient au pire mais le pire ne pouvait être la mort de Jésus. C'était inconcevable. Cet homme devait disparaître dans les déserts, s'abîmer dans les océans, mais il ne pouvait pas finir écartelé sur un gibet romain.

Il avait ressuscité Lazare mais n'avait rien pu contre les tristes gardes d'Hérode et les mensonges des prêtres. L'inconcevable s'était donc produit et Lazare, Marthe et Marie connaissaient le goût de la désolation. Mais ce goût, ils l'avaient toujours connu. C'était le goût de l'ancestrale souffrance juive, le goût amer de la persécution qui avait toujours été le corollaire de leur existence. Chaque fois c'était la même chose. Ils pensaient lui échapper et toujours elle revenait comme pour mieux les punir. Ils étaient le jouet de forces qui les dépassaient. Ils étaient les enfants du péché d'Adam. Alors, ballottés entre un fol espoir et un implacable désespoir, Moïse leur avait donné la Loi, Moïse leur avait rendu la raison, Moïse avait su trouver les mots pour convaincre l'Éternel de graduer la punition. Et l'Alliance s'était structurée et l'Alliance était toujours ce à quoi ils pourraient se raccrocher quand un nouvel exterminateur surgirait. Mais encore une fois le sort se moquait d'eux. Encore une fois on les avait trompés. Ce mensonge-là, ils s'en remettraient difficilement. Ils y avaient cru de toutes leurs forces, à ce nouveau prophète. Ils l'avaient chéri. Ils ne se l'expliquaient pas, d'ailleurs. Ils l'avaient chéri tout aussi naturellement qu'ils s'aimaient tous les trois. C'était un nouveau frère, mais un frère différent, un frère plein de secrets et inaccessible.

Pourtant il était parti lui aussi. La mort se riait d'eux. Quel sot avait eu l'audace de la défier ? Mais pour qui se prenait-il, ce présomptueux ? Oh ! qu'ils étaient drôles de le suivre, de l'acclamer, de crier à la face du monde que la malédiction était rompue. Ils en étaient touchants, les pauvres. S'ils avaient pu connaître la suite et le fin mot de l'histoire, ils se seraient montrés plus prudents. Ils étaient incorrigibles. Désormais ils se livraient à l'autoflagellation. Comme c'était normal. Ils étaient condamnés à se leurrer et à souffrir…

Jacques – Marie, sœur de Marthe

On ne faisait plus attention à lui. Chacun était reparti dans ses quartiers essayer tant bien que mal de dormir un peu. Jacques était là, dans la pièce principale, et se sentait perdu comme au milieu d'un champ immense. Jean lui aussi priait : Jacques entendait sa litanie chuchotée. Il voyait qu'il avait pris les choses en main et qu'il ferait tout son possible pour ne pas sombrer. Il cherchait à ne plus lui en vouloir, à ne plus lui reprocher sa dureté, à pénétrer lui aussi dans l'intimité du deuil, mais les portes lui avaient été fermées. Il ne possédait pas les clés pour les ouvrir, ni le secret des formules magiques pour les abattre. Face à cette muraille, seule sa souffrance semblait compter. Il s'en voulait, s'accusait, mais c'était plus fort que lui. Durant toutes ces années il avait dérivé, n'avait pas senti qu'il s'éloignait irrésistiblement de ses proches et que, bientôt, il ne serait plus qu'un étranger. Aujourd'hui il pouvait mesurer la distance qui le séparait d'eux. Mais eux aussi avaient dérivé. Malgré les liens familiaux qui les unissaient, ils étaient tous des étrangers les uns pour les autres. Le sermon de Jean n'était qu'une tentative désespérée pour maintenir une unité de façade. Sans le Rabbi, ce groupe n'avait aucune raison d'être et était voué à éclater. Pauvre Jean, il se sentait investi d'une mission dont la cause était entendue d'avance. « Tu avais grandi trop vite petit frère, pensa-t-il. Plus jamais tu ne pourras aimer. Il y des âmes attirées par le sacrifice. Jean le Baptiste y a laissé sa tête, Jésus subi la croix et, toi, petit frère, quel est ton fardeau ? Peut-être que je suis ton fardeau… »

— Idiot, quoi qu'il se soit passé, tu croyais que nous t'aurions oublié ? N'as-tu pas écouté ton frère ? Nous devons rester soudés. Moi, je ne suis pas juge. Seul l'Éternel sait ce qui est bon et qui est dans le vrai… Prends des forces. Demain nous prierons sans relâche et nous irons au Temple. Non par défiance, mais parce que c'était la volonté du Rabbi.

Jacques la contemplait. Marie lui avait pris les mains. Il sentait en elle une force incroyable. Et dans le même temps, elle était d'une délicatesse, ses yeux contenaient le monde et le monde en ruine avait des reflets d'or et d'argent. Elle était la vie. La femme capable de faire fléchir le Rabbi. Jacques à ses côtés n'éprouvait plus de colère, de ressentiment ou de crainte. Elle l'apaisait.

— Moi, mon cœur est devenu sec. Je ne le reconnais plus. Tu sais… tout à l'heure si je n'étais pas là, ce n'est par parce que j'avais peur, c'est parce que je ne pouvais pas… je n'y arrivais pas, tu comprends ?

Les sanglots lui montaient. Il fallait qu'il parle, qu'il se plaigne, qu'il se répande, qu'il s'épanche. Il le fallait. Elle l'écoutait.

Elle lui caressait la tête. Comme il aurait voulu que ce moment ne finît jamais. Bientôt il ferait jour et il n'aurait quasiment pas dormi. Il faudrait alors quitter ce charme, affronter à nouveau le regard des autres, à nouveau retrouver la douleur…

La mère du Rabbi les trouva au petit matin endormis l'un contre l'autre. Elle les recouvrit d'un drap et les bénit. Son visage s'était creusé un peu plus dans la nuit. Ses cernes dessinaient deux grands abîmes sous ses yeux. Elle les bénit. Elle souriait et son sourire attendait de recevoir son océan…

Au réveil, Jean convoqua Jacques. Ils se retirèrent à l'écart des femmes et restèrent tous les deux suffisamment longtemps pour qu'elles finissent par s'inquiéter et fussent tentées de venir écouter aux portes. Mais rien ne filtra de leur conversation. Ils sortirent la mine grave et préoccupée mais ne voulurent rien dire quand on les interrogea.

— Ce n'est ni le temps, ni le lieu, leur asséna Jean. Ne vous inquiétez pas. Respectez les règles que nous impose le shabbat. Seuls l'amour de l'Éternel et le respect du défunt comptent en ce jour.

Il fit signe à Jacques et tous deux s'éloignèrent. Elles les voyaient partir et dans leur démarche transparaissait quelque chose de la pérennité juive. Tout était perdu, des milliers de fois tout avait été brûlé, mais ce qui avait brûlé repousserait. Les justes côtoieraient les injustes et dans notre mort était inscrite notre survie même…

Pierre

« Gethsémani, que nous as-tu fait ? Il faut bien un coupable. Il faut bien s'en prendre à quelqu'un ou à quelque chose. Qui me rendra ma pureté, mon courage, ma force ? Et ma femme que j'ai laissée, si elle me voyait… Et ce Judas, comment n'ai-je pas su, comment n'ai-je pas vu que ce serait lui le traître, lui qui délivrerait le baiser ? Et cette saloperie de coq, pourquoi a-t-il chanté ? Bien sûr qu'il devait chanter. Un coq ça chante tous les matins. Avant même que le soleil frappe aux cœurs des hommes, le coq les prévient que les ténèbres n'ont plus cours. Mais ce coq, c'était quand même une saloperie parce que s'il y avait bien un jour où il devait s'abstenir, c'était celui-là, un seul petit jour sans le chant du coq, Seigneur, et je n'aurais pas été un maudit, un seul petit jour… Et le Rabbi ne s'était pas trompé. Oh mon frère, toi qui m'as tout appris, je t'ai craché dessus, je t'ai craché dessus, je t'ai craché dessus comme le dernier des derniers ! Qui criera à la face de l'Éternel que je me hais, que je ne suis qu'un chien, un chien galleux, un chien qu'on doit abattre ? Ô Seigneur, mes mains, mon sang, mes mains, ma langue, je la prends et je la coupe, je la coupe pour me taire à jamais, ô Seigneur, la prière n'est pas dans ma bouche, je parle, je respire la mort, la prière n'est pas dans mon sang, moi je ne suis plus rien. »

Et ses mains creusaient le sol à n'en plus finir, ses mains s'abîmaient et se perdaient dans la terre et son râle dans la nuit allumait de colère des milliers d'étoiles…

André

À l'autre bout de la cité, André s'était fondu dans cette foule que la ville, saturée, dégorgeait comme autant de déjections de l'enfer, car depuis le milieu de la journée tout semblait appartenir à Satan. C'était la partie de Jérusalem qui avait le plus souffert durant le court tremblement de terre. Des centaines de corps sortis des décombres avaient été regroupés dans un grand champ en bordure de la citadelle. La prière des morts s'élevait dans les cieux mais retombait aussitôt en des milliers de gémissements, de larmes amères, de protestations et d'impuissance. André en avait la nausée. C'était un spectacle sidérant de voir ce peuple terrassé, exsangue, abandonné par Adonaï. La colère de la terre et du ciel n'avait épargné personne, n'avait pas séparé l'innocent du coupable, le juste de l'inique. C'est l'Hébreu qui avait été puni, l'Hébreu qu'il fallait faire souffrir. C'était le sacrifice, l'expiation que réclamait l'Éternel…

Et si son frère était parmi eux ? Si son frère se trouvait dans ce champ constellé de visages sans vie ? Mais non, son frère n'était pas là. Il l'aurait senti, s'il avait rendu l'esprit. Non, il n'était pas là, car il était né pour souffrir comme tous ceux qui avaient suivi le Rabbi, né pour souffrir sans jamais connaître de délivrance…

— Aide-moi, s'il te plaît, mon fils, je ne retrouve pas mon fils…

Une femme avait attrapé sa toge et s'agrippait à lui désespérément. Il tentait vainement de se dégager mais la femme était une furie. Ses yeux respiraient la démence. Ses yeux lui promettaient un supplice éternel. Ses yeux ne connaîtraient plus le repos.

— Aide-moi, tu es en bonne santé. Tu n'as rien eu, toi. Aide-moi à retrouver mon fils ! Aide-moi !

Mais André était effrayé. Il s'agitait de toutes parts. Il la frappait pour qu'elle le lâchât. Bientôt il vit la foule hagarde s'approcher de lui. Il la vit fondre sur lui avec ses milliers d'yeux béants prêts à l'engloutir. Il l'entendait crier : « Pourquoi frappes-tu cette femme ? Pourquoi ne la soutiens-tu pas ? Pourquoi t'es-tu si endurci ? C'est à cause de cet esprit que l'Éternel nous a punis. »

Et André, avec son fardeau, reculait, reculait mais bientôt il serait encerclé. Ils allaient le piétiner, le punir pour soulager leur souffrance. Ils voulaient le rendre à leur image. Les pierres pleuvaient. L'une d'entre elles l'atteignit en plein sur la pommette. Il s'écroula au sol, sonné.

— Ô Babylone, un jour on nous rendit notre liberté, nous les exilés, les persécutés, un jour tu sus te laisser fléchir. Au revoir, grand frère, papa, maman…

Les légionnaires agitèrent les bâtons et les menaces. La foule hésita un instant, hésita et se ravisa. Il n'était pas encore temps. Mais l'heure viendrait bientôt, le jour béni où l'Éternel décréterait la libération de son peuple et l'écrasement des païens.

— Si tu n'es pas du coin, tu dégages !

La voix du légionnaire lui vrillait les oreilles. Il crut que ses tympans allaient éclater. C'était la voix des envahisseurs et des ennemis qui le sauvait des siens. C'était une voix qu'il avait toujours haïe. C'était la voix des chaînes, des fers, de la défaite éternelle.

— Tu bouges !

Mais André s'était fermé à ce grec que le Romain vociférait. Il ne voulait pas l'entendre. Il préférait les cailloux de sa race, mourir d'une main non étrangère...

La décurie s'était déployée. Les épées brillant du reflet des torches pointaient leur menace sur la foule hébétée. André, reprenant peu à peu ses esprits, comprit que le peuple était à bout, que lapider un homme pendant le shabbat, c'était le signe que la grande révolte était imminente.

— Je ne veux plus te voir ici. Tu m'as compris ?

André, la pommette endolorie, sous les huées de cette foule qui le fustigeait, lui le bien-portant, lui qui refusait d'aider une mère au désespoir, s'éloigna sous la protection de la soldatesque impie et sacrilège.

— Maintenant ils te laisseront tranquille. Fais voir ta joue, pauvre petit Juif...

Apeuré, il se laissa toucher par le légionnaire. Sa main calleuse lui rappela celle de son père, mais la chaleur en avait disparu. C'était une main moite, elle aussi traversée par l'angoisse. Une main qui rêvait un ailleurs, une main de soldat fatigué.

— Je t'ai vu et j'ai eu pitié de toi. Tu peux remercier le préfet. Sans ses dispositions, tu aurais été lynché. Allez file, et que je ne te revoie plus dans les parages. Je ne veux pas prendre le risque d'une émeute. Et ta présence les excite.

André le comprenait difficilement. Il avait encore à l'esprit sa main moite qui tranchait tant avec son ton comminatoire. Ses yeux étaient fiévreux. Il devait être sur la brèche depuis pas mal de temps et n'avait pas eu son content de sommeil.

— Si tu repasses par ici, laisse tes beaux habits chez toi. Ici, les gens ont faim et sont dans la douleur. Tu les offenses en ne leur accordant pas même un regard.

André fut stupéfait par les paroles du décurion. Un légionnaire lui faisait la leçon comme aurait pu lui faire un prêtre... Et ses propos étaient sensés, justes, et licites. Tout à sa douleur, il n'avait pas même daigné baisser les yeux sur cette pauvre femme qui se pendait à son bras espérant l'impossible : que son enfant ressortît vivant des éboulis. Mais cette constatation l'agaça et il eut aussitôt la tentation de sauter à la gorge de ce damné légionnaire qui venait lui faire la leçon. Il s'imaginait sans doute mieux connaître la Torah que lui ? Pour qui se prenait-il, ce maudit païen ? Un jour les Juifs lui feraient payer, à lui et à son engeance, leur prétendue supériorité.

— Ton peuple a perdu la tête. Crois-moi, mon pauvre petit Juif, crois-moi. Vous avez vendu un saint ce matin.

Il était pétrifié. Le légionnaire s'était emparé de son cœur. Il le tenait dans cette main qui le révulsait ; il le jugeait et le verdict était sans appel. Au fond du trou, la tête dans le sac, voilà le destin de la nation juive.

— Pourquoi je te parle d'ailleurs ? Tu n'as pas l'air de comprendre. Ça doit être pour ça, parce que tu ressembles à un chien battu et que le chien, c'est ce qui reste encore de bon quand l'homme a laissé de côté toute humanité. Pauvre petit Juif, tout s'écroule, se délite, Jérusalem aujourd'hui, Rome suivra bientôt.

Le légionnaire s'accroupit, dessina à l'aide d'un bâton sur le sol, il avait l'air ému mais las.

— Crois-moi, les hommes ont en horreur la justice. Ils n'aiment qu'eux-mêmes et sont prêts à tout pour ne plus souffrir. Ils sont comme toi tout à l'heure, tout à leur peine, et la femme était pareille et la foule qui voulait ta peau *idem*. Quand un homme sort du lot, c'est un accident. La foule le regarde comme un phénomène rare et puis à un moment donné elle estime qu'elle a assez perdu son temps et que le phénomène doit rentrer dans le rang car il menace ses certitudes, alors elle l'abat. Pourquoi je te raconte ça ? Après tout, ce sont vos salades. Prends soin de toi, mon petit Juif. Ton regard m'a touché. C'est pour ça que j'ai calmé la foule, sans ça je t'aurais laissé crever comme un chien, car c'est le destin des chiens, malgré tout, de crever ignominieusement.

Il s'éloigna avec le reste de la troupe. Les cris, les pleurs avaient redoublé. Un nouveau spasme s'était emparé de la foule des indigents, des laissés-pour-compte, de ceux que le Temple méprisait. Et l'image du décurion se grava dans le cœur d'André. Qui était cet homme ? Quelle souffrance mystérieuse l'habitait pour le faire parler ainsi ? « Eh non, décurion, je t'avais compris malgré ton accent incroyable. » Son cœur s'était serré, serré, serré, cela faisait si longtemps qu'il n'avait pas été au bord de se liquéfier littéralement ; il s'aperçut qu'il n'avait pas beaucoup pleuré Jésus, son Rabbi, son héros, qu'il n'avait versé que la petite larme de circonstance que la douleur réclamait en pareille occasion… « Eh oui, il en faisait partie, il était l'un des leurs, eh oui, mon pauvre petit Juif, toi aussi, tu nous l'avais livré, toi aussi tu avais armé nos bras de fouets, de clous et de marteaux, toi aussi tu avais ri avec nous devant sa face décomposée, son visage défiguré par la douleur, et son humiliation t'avait fait jouir, comme elle nous avait fait jouir. Nous aussi, nous nous étions sentis un peu étranges, un peu tristes pour tout te dire, un peu coupables de nous être amusés de ce pauvre petit Juif comme toi et tous tes frères. Eh oui, tout ça pour ça. On s'était amusés pour pas grand-chose. On s'ennuie dans ton pays. On s'ennuie ferme, alors de temps en temps, on prend un des tiens, on le bat puis on le crucifie afin d'assouvir notre nature. On rentre ensuite dans notre garnison, espérant que cette fois vous vous révolterez pour de bon… »

Adam était nu. Et il était sale. Et il avait peur. Et il pleurait. Maintenant il devrait vivre avec ce qu'il n'aurait pas dû savoir. Il serait à la merci des éléments, des saisons, des quatre vents. Maintenant il avait corrompu ses enfants qui n'étaient même pas nés. Adam était nu, il était sale et il avait peur…

André – Jacques, le cousin du Rabbi – Marie-Madeleine

On lui secoua l'épaule… Deux silhouettes se trouvaient devant lui. André ne les reconnut pas tout de suite. Encore sous le coup de sa rencontre avec le décurion, il fut attristé qu'on le ramenât si vite à la réalité… Deux silhouettes se tenaient donc devant lui et plus il les regardaient, plus il les reconnaissait, plus la désagréable impression qu'elles allaient aussi mal que lui, qu'elles étaient aussi torturées que lui, qu'elles étaient son miroir, la marque de sa chute, de son déclin inéluctable, la fin de son enfance. Elles se tenaient devant lui. Jacques le cousin du Rabbi, et la prostituée, celle que Jésus avait sauvée du châtiment et convertie au respect de la Loi. Comme deux âmes en peine, elles avaient trouvé avec satisfaction une sœur de tourments. On les sentait rassurées. À trois on est toujours un peu plus fort et, dans cet enfer, les retrouvailles avec un ami étaient une bénédiction insigne. Marie-Madeleine avait encore et toujours cette beauté étrange, cette beauté sombre que confère le péché à certaines femmes juives et qui les rend irrésistibles. On voyait qu'elle s'était morfondue durant des heures. Chez elle, tout sentiment extrême restait une invitation aux emportements les plus fous. Combien en avait-elle conduits au shéol ? Combien avaient flétri leur serment pour la rejoindre l'espace d'un instant ? Elle était le génie de la perdition. Elle avait hérité de tous les dons de la reine de Saba pour ensorceler les hommes. Elle les prenait, elle les jetait, et ceux qui voulaient la dominer n'avaient trouvé d'autre expédient que l'élimination pure et simple. Quand un pharisien la croisait, il se détournait d'elle de peur qu'elle ne le séduisît. Telle était sa réputation, telle était sa légende. Je te regarde et tu m'appartiens à jamais. C'était la reine de la nuit, le désir irrépressible qui assaillait l'homme dans son sommeil, et dans ses baisers séjournait l'étreinte d'Adam et Ève avant la faute…

André la regardait et tout son sang bouillonnait. Dieu, qu'elle méprisait les hommes tant elle les sentait faibles, veules, sans consistance dès qu'il s'agissait d'assouvir leurs grossiers appétits ! Elle les méprisait. Elle voulait leur perte. Elle avait aimé un jour, et ce jour-là, on l'avait brisée. Elle n'avait pas pardonné. Elle punirait l'espèce qui avait abusé d'elle. Elle lui ferait payer au centuple… Mais elle n'avait pas réussi à punir Jésus… Quand un homme lit dans le cœur d'une femme, il y découvre sa mort inscrite en lettres de sang. S'il ne meurt, c'est que l'Éternel lui a accordé un privilège. C'est un juste ou un prophète. Seuls les justes et les prophètes ont le pouvoir de lire dans le cœur des femmes et de ne pas s'y noyer. Seuls les justes et les prophètes peuvent leur parler à visage découvert sans risquer leur perte. Jésus n'avait pas craint Marie de Magdala et Marie de Magdala n'avait pas réussi à punir Jésus… Non, elle n'avait pas réussi à le punir…

André les regardait et peu à peu la conscience de qui l'entourait lui revenait. Les paroles du légionnaire s'envolaient lentement. Elles tournoyaient, tournoyaient et un coup de vent brusque les faisaient changer de cap, et elles tournoyaient à nouveau et toujours un peu plus loin, de plus en plus invisibles, de plus en plus inaccessibles. Il en concevait une grande amertume…

Maintenant il les percevait distinctement, Jacques le cousin du Rabbi et Marie de Magdala. Leurs habits étaient sales, pleins de poussière et de boue, pleins des drames qui s'étaient joués en Judée-Samarie. Il les reconnaissait mais il n'était pas encore heureux de les voir. Il redoutait leurs questions et redoutait les questions qu'il leur poserait. Il redoutait la poussière, la saleté, la boue. Il redoutait d'apprendre de nouveaux malheurs et par-dessus tout, il redoutait qu'on parle de Jésus.

Mais ils se taisaient. Aucun mot ne sortait de leur bouche, aucun son ne venait perturber le brouhaha de la foule environnante. C'était donc la fin de tout, n'est-ce pas ? L'Éternel n'avait donc pas trouvé suffisamment de justes pour épargner sa nation. C'était la fin…

— Et mon frère ? Vous n'avez pas vu mon frère ? avait-il lâché dans un dernier sursaut.

Jacques ne répondit rien. Il invita André à s'asseoir.

— Rien ne sert de s'agiter. Tous ceux qui s'agitent en ce jour n'ont rien compris aux signes.

— Quels signes, Jacques ?

— Les signes, mon frère. Simplement les signes !

— Mais les signes, je les vois. Nous sommes des maudits !

Marie-Madeleine s'était jointe à eux. Elle ne disait rien mais son silence était pesant, si pesant qu'André ne put s'empêcher, non il ne put s'en empêcher…

— Et toi, que fais-tu avec nous d'abord ? Ta place n'est-elle pas dans la souillure et la fange ? Ne reste pas là à nous écouter. Cours plutôt te cacher ! Ne crois pas que l'amitié que le maître te portait te protège désormais de la sévérité du jugement.

— De quelle sévérité parles-tu, mon frère ? lui avait rétorqué Jacques.

— La sévérité de la Loi, pardi ! La Loi, mon frère, la Loi pour cette engeance !

André se prit la tête entre les mains. Il tremblait. Il était bel et bien redescendu sur terre. Il ne flottait plus dans l'air comme tout à l'heure. Malgré la douleur, la tristesse, les paroles avaient agi comme un baume réparateur. Non, tout n'était plus que pesanteur…

Autour d'eux le brouhaha ne faiblissait pas. Il était difficile de s'imaginer que tout cela pût être d'origine humaine. Mais ils n'y faisaient même plus attention. La fatigue et l'écrasement les avaient vaincus pour de bon. La Madeleine regardait André avec une moue de dédain. Non pas qu'elle était affectée outre mesure par ses propos – elle en avait tellement entendu sur son compte – mais elle contemplait sa lente et inexorable décomposition et jugeait ridicule toutes ces gesticulations de garçonnet devant l'inéluctable. Elle avait appris à souffrir et tous ces hommes qui la jugeaient si mal n'étaient que des lavettes face à la douleur. Son héros était mort. Le seul qu'elle avait pu regarder sans mépris avait péri comme un criminel. Et elle avait pleuré, pleuré pour la première fois depuis des siècles. Tout son espoir de changer de vie semblait s'être évanoui. Pour le monde, elle n'était qu'une putain, une belle, délicieuse et immonde putain. Oui, une immonde putain pour satisfaire le désir de ses ennemis, pour torturer leur cœur infâme. Mais tout ça n'avait plus d'importance. Sa jouissance dans la perdition n'existait plus. Elle allait vivre ainsi le cœur brûlé jusqu'au moment où ses organes déposeraient eux aussi les armes et paieraient leur tribut à l'inéluctable. Elle avait espéré en Jésus, mais rendre leur dignité aux putains, c'était aller contre l'ordre naturel. Cet homme était né pour avoir des ennemis et finir déchiqueté.

Jacques avait repris son discours. Inlassablement il s'adressait à André qui, prostré dans son coin, refusait tout dialogue. C'était l'emprise de la folie. Trop d'émotions intenses en un temps si court, qui pouvait les supporter sans perdre la raison ? Celui qui ne parlait pas tout à l'heure avait enclenché son infatigable logorrhée, l'autre qui avait crié sa rage était muet, cailloux parmi d'autres cailloux, pierres livrées au crachat du ciel. Et la Madeleine, hiératique, ne valait pas mieux qu'eux. Leur distorsion était absolue. Ils ne s'en remettraient pas, les pauvres petits. Non, ils ne s'en remettraient pas.

— Au cénacle, nous y croyions encore. Nous aurions pu le prévenir. Nous aurions pu circonvenir ses ennemis, mais aucun de nous n'a eu la présence d'esprit…

André fit un geste de dépit. Il n'en pouvait plus de l'entendre. Il avait mal à sa joue. Et Pierre, il ne le retrouverait donc pas. Il avait renoncé à repartir en quête. Le destin était contre lui. Son frère devrait faire sans son soutien. Jacques dans son délire avait raison. Il ne pouvait lui être d'aucun secours. Ils étaient dans la solitude, retranchés des uns et des autres. Tout se lézardait. Ils étaient trois mais cela ne signifiait rien. Quand bien même ils auraient été mille, cela n'aurait pas signifié davantage. L'errance, la solitude, le sol qui se dérobe lentement sous vos pieds, la terre toute pleine de petits Juifs… l'errance et l'esclavage ne sont-ils pas nos refrains, notre perpétuité ? Ne sommes-nous pas nés pour parcourir l'univers en tout sens, attendant le miracle, et le miracle survient, mais c'est un mirage et la souffrance, l'errance et l'esclavage repartent de plus belle ? Quand bien même nous serions des milliers, cela ne changerait rien. Nous serions seuls…

Et à quelques lieues de là, l'unique qui avait été prêt à donner sa vie, à résister à l'injustice, mais qui n'avait pas tenu sur la distance, celui-là mangeait la terre à s'en faire vomir, à se faire éclater les intestins, il mangeait la terre et rien ne pourrait apaiser sa frénésie d'autodestruction…

Tous, ils étaient nus. Ils se savaient perdus. On avait assassiné leur âme. Et que valait un corps sans âme ? Le soleil s'était couché pour de bon. Shabbat shalom, mes frères mais tout ça n'avait plus d'importance et le corps pouvait vivre sans âme, c'était bien la morale de cette histoire.

Thaddée

Thaddée gisait, inconscient. Le sang avait séché sur son visage. On aurait pu croire qu'il était mort. L'homme s'arrêta à ses côtés, humecta ses lèvres avec un peu d'eau, le redressa légèrement, lui délia les mains. Il le regardait intensément mais ne lui parlait pas. Quand Thaddée commença à ouvrir les yeux, l'homme le reposa délicatement sur un monticule de couvertures et de vêtements qu'il avait constitué. Thaddée le distinguait à peine derrière le voile du sommeil et de la fatigue. Il avait l'air grand, en bonne santé, méditerranéen mais il n'en était pas sûr. L'aube naissante lui donnait des allures de personnage hors du temps. Thaddée ne savait pas s'il délirait ou si ce qu'il voyait appartenait aux réalités tangibles. Ce qui était certain, c'est que l'homme ne respectait pas le shabbat.

— Il vous faut un médecin et du repos.

— S'il vous plaît, n'agissez pas contre la Loi.

— Ne vous inquiétez pas, cette Loi ne me concerne pas. Je n'appartiens pas à votre religion. Je n'appartiens d'ailleurs à aucune religion.

— S'il vous plaît, ne me donnez rien qui n'ait pas été consacré.

— Ne bougez pas. Vous souffrez de multiples contusions et dans ce cas, je crois que votre Torah autorise des comportements exceptionnels.

Il avait tressailli. Quand un incirconcis se mettait à discuter de la Torah, la vigilance était de rigueur. Mais l'inconnu affichait une bonhomie et un sans-gêne qui stupéfia Thaddée. L'homme avait remarqué sa surprise. Il hocha la tête de satisfaction et reprit son interrogatoire.

— Vous aviez les mains liées. Que vous est-il arrivé ?

Thaddée se sentait démuni. Il aurait fallu ne pas répondre. Mais ne pas répondre à un bienfaiteur, c'était prendre le risque de mourir à nouveau et Thaddée le savait : il aimait encore beaucoup trop la vie.

— Cela serait trop long, beaucoup trop long à vous expliquer.

— Trop long ? Non, ne croyez pas cela. Pourquoi serait-ce trop long ? J'aime les histoires longues. J'aime les histoires tout court, en fait. Et je suis persuadé que la vôtre est exceptionnelle.

Thaddée hésita car l'homme, malgré sa sollicitude, dégageait une impression de plus en plus désagréable. Oui, il aurait fallu se taire. Mais se taire ne l'avait pas protégé tout à l'heure...

— J'ai rencontré des brigands mais j'ai réussi à leur échapper. J'ai roulé jusqu'en bas de cette colline. Dans la nuit, ils ne m'ont pas retrouvé.

Il y eut un long silence, un de ces silences où les hommes s'épient, où le malaise grandit, où de sombres perspectives s'emparent des cœurs et des esprits. L'homme soupira comme déçu par la réponse du blessé.

— On ne vous recherche donc pas ?

— On me recherche peut-être, mais si c'est le cas, je ne sais pourquoi.

— Je suis sûr que vous avez faim. Voici des olives et des dattes.

— Non, je vous en prie. Je ne peux accepter. Si cette nourriture n'est pas consacrée, vous me feriez commettre un grand péché.

Le silence se fit à nouveau. L'inconnu le dévorait des yeux.

— Et vous, d'où venez-vous ? se risqua Thaddée afin de dissiper ce trouble qui l'envahissait.

Il sourit malicieusement à la question de Thaddée et son sourire signifiait tellement « je sais ce que tu penses et je sais que tu as quelque chose à cacher mais nous avons tous des choses à cacher, toi comme moi, alors lequel d'entre nous les cachera-t-il le plus longtemps ? », que Thaddée sentit un frisson lui parcourir tout le corps.

— Moi, je ne viens de nulle part et je viens de partout. Je suis un citoyen du monde. Un voyageur éternel et impénitent. Je n'ai pas d'attache et je voyage par passion des hommes et des civilisations. Est-ce que ma réponse vous satisfait ?

Thaddée se demandait s'il ne rêvait pas, si les coups qu'il avait reçus n'avaient pas altéré ses facultés mentales.

— Quelques dattes le matin, c'est ce qu'il y a de meilleur pour la santé. Je vous assure.

Thaddée l'observait tandis qu'il engloutissait ses précieux fruits. Il n'avait jamais vu un tel mélange chez un être humain. Sa beauté se confondait avec une répugnante mais fascinante vulgarité.

— Toujours pas tenté ?

Il semblait qu'il avait totalement oublié ce que Thaddée lui avait respectueusement suggéré auparavant. Thaddée en était sidéré. Il était maintenant persuadé de vivre une espèce de cauchemar éveillé où son maître se faisait supplicier, où lui-même se faisait enlever et menacer de mort, et maintenant, après une évasion mouvementée, il se retrouvait face à un homme visiblement bien intentionné mais dont les allures mystérieuses lui intimaient l'ordre de se méfier. Ce qui le déconcertait, c'est qu'il avait eu l'air de dire vrai en se déclarant citoyen du monde tant son apparence était indéterminable. C'était l'archétype de l'homme passe-partout. Grec avec les Grecs, Juif avec les Juifs, Romain avec les Romains. Cependant quelque chose en lui aurait choqué tout Grec, tout Juif ou tout Romain, sans que Thaddée parvînt à trouver une explication logique à cette intuition.

L'homme avait fini. Il se léchait les doigts avec délectation. Plus Thaddée l'observait, plus une inextinguible envie de rire lui travaillait les tripes. Malgré la méfiance qu'il inspirait, il était d'un comique cet homme, un pitre intégral ! Thaddée en avait rencontré des « originaux », mais lui remportait haut la main les lauriers avec son accoutrement fantasque. Il en aurait presque oublié tous ses malheurs si son corps ne lui avait pas rappelé les nombreuses contusions de la veille. Il ne pouvait pas rester ici sous peine de perdre le peu de forces qui lui restaient mais regagner Jérusalem en cette compagnie offrait des perspectives douteuses… De plus il ne connaissait rien de la situation de ses amis. Combien avaient été arrêtés ? Combien avaient fui et pu se mettre en lieu sûr ? Tout était possible et tout était à craindre.

Hier il espérait mourir et voilà que la vie l'avait totalement regagné à sa cause. Les courants contradictoires qui traversaient l'homme, Thaddée en mesurait tout d'un coup la force. À n'importe quel moment il pouvait basculer dans le vide mais tout aussi inexplicablement remonter à la surface. Il pensait aussi à tous ces malheureux qui du jour au lendemain devenaient des criminels alors que tout se déroulait sous les meilleurs auspices pour eux. On ne mesurait jamais le poids de ces forces qui nous dépassent. On ne juge toujours que le résultat final par paresse et manque d'amour. Personne ne veut connaître tout, le monde attend la fin de la tempête et tant pis pour ceux que la mer déchaînée engloutit. Jésus, personne ne connaissait son cœur. Si les disciples avaient pénétré plus avant dans son mystère, ils seraient alors devenus comme lui et des dizaines de croix auraient fleuri en ce jour maudit. Mais ils avaient choisi d'être de simples spectateurs. Ils l'avaient juste accompagné et admiré.

— Vous pouvez marcher ?

L'étranger avait retrouvé la sollicitude qu'il avait manifestée au tout début de leur conversation. Son visage avait changé. Il émanait de lui une incomparable douceur et cette chaleur allait droit au cœur de Thaddée, mais dans le même temps, le sourire qui accompagnait cette intention louable recelait une laideur repoussante. Qui était cet étranger ? Thaddée ne pouvait faire autrement que d'accepter son aide, mais être sous la coupe d'un tel personnage, lui donner un pouvoir sur soi, c'était vivre encore dans l'angoisse.

— J'ai une charrette un peu plus haut. En vous accrochant à moi vous devriez y arriver.

Thaddée se tenait suspendu à l'épaule de l'étranger. Il sentait ses mains puissantes qui le hissaient sans peine malgré la dénivellation, et puis cette odeur qu'il dégageait, cette odeur forte. Et encore une fois Thaddée eut la désagréable sensation d'avoir affaire à un homme double. Et si de l'autre côté de la colline l'attendait une mauvaise surprise ? Si ses persécuteurs d'hier lui jouaient un mauvais tour de leur cru ? Ils en étaient capables compte tenu de leur esprit pervers. De surcroît, jamais il n'aurait cru que l'étranger possédât une telle force. C'était un colosse en réalité, un homme né pour le pancrace et le métier de la forge. Thaddée n'était pas de taille à lutter avec un tel athlète. Il eût été aisé pour l'autre de lui casser le bras ou de le précipiter à terre puis de l'immobiliser s'il tentait quelque chose.

— Voilà, nous y sommes.

Ils étaient parvenus au sommet de la crête. À son grand soulagement l'étranger desserra son étreinte et Thaddée dut convenir qu'il n'avait pas menti. Un cheval, flanqué d'une charrette qui pouvait faire penser aux roulottes des marchands ambulants sillonnant le pays, les attendait. Un homme, petit et l'air renfrogné, était assis sur le marchepied.

— C'est… mon serviteur. Ne vous inquiétez pas s'il vous bat froid. Il est rétif au langage. Mais c'est un excellent serviteur sûr et fidèle.

Le serviteur, en effet, se détourna immédiatement à la vue de Thaddée.

— Viens ici ! Je t'ai déjà dit de te montrer courtois et civilisé avec mes invités. Tu mériterais que je te fasse fouetter. Mais je suis trop libéral avec toi, trop complaisant avec ton fichu caractère. Tu devrais cependant te méfier. Le jour où j'en aurai assez, tu sais ce qui t'attend... Oui, il faut lui pardonner. C'est un orphelin que j'ai recueilli. Il passait son temps à se faire rosser par les autres garçons de son village. J'ai eu pitié de lui et je l'ai pris comme factotum. Il a appris tout ce que doit savoir un serviteur mais a gardé quelques mauvaises habitudes de son passé. La politesse avec les inconnus n'est pas son fort. L'habitude des mauvais traitements l'a rendu méfiant envers tout ce qui est nouveau. J'ai eu beau vouloir l'éduquer là-dessus, il n'y a rien eu à faire.

Il dit cela en soupirant et tout son corps sembla se voûter sous le poids d'un terrible fardeau. Mais la pose était trop affectée pour être totalement sincère. L'étranger devait se croire au théâtre. Sa passion pour le genre humain tenait plus de l'acteur que du philanthrope et il paraissait constitué d'un assemblage hétéroclite d'éléments de la tragédie et du burlesque. Thaddée commença à se demander si en évoquant ses multiples destinations, il ne lui avait pas parlé par métaphore. Il était maquillé et parfumé. On aurait pu par mégarde le prendre pour une femme et cependant son physique sculptural ne laissait planer aucun doute. L'étranger était toujours déterminé par son contraire. Compte tenu de ce qu'il était censé sillonner le pays de long en large, Thaddée s'étonna que personne de sa connaissance ne l'eût encore rencontré. Curieux même qu'il ait pu passer au travers de tous les brigands de la Judée-Samarie. C'était tout de même l'archétype, malgré sa stature, voué à se faire rançonner. Et tandis que Thaddée se perdait en conjectures au sujet de son hôte encombrant, celui-ci continuait de fulminer contre son serviteur. Thaddée s'en félicita tant il redoutait le moment où le silence tomberait et où il devrait à son tour continuer la conversation. Si cela n'avait tenu qu'à lui, il aurait sauté du chariot et aurait couru de toutes ses forces dans la campagne environnante. Mais ses jambes n'en pouvaient plus. Et il devait bien l'admettre, il avait de plus en plus faim et s'il ne rencontrait pas bientôt un frère, il devrait commettre un sacrilège. Au point où il en était, un sacrilège ne signifiait plus grand-chose. Mais puisque l'Éternel lui avait laissé le souffle, il devait se remettre sous le joug de la Loi. Le Rabbi ne lui aurait pas dit autre chose. Cette expérience venait de lui révéler qu'il fallait se raccrocher à du solide et le solide en la matière, c'était Moïse et ses commandements. En d'autres temps, à l'instar de tous ceux qui voulaient dépoussiérer l'esprit pharisien de ses pesanteurs, il aurait prêché qu'un Juif en situation extrême peut délier le shabbat, mais c'était justement en situation extrême que lui était apparue comme évidente la nécessité de la Loi. C'était pour les situations extrêmes que la Torah prenait tout son sens, toute son évidence, toute sa grandeur. Et plus il côtoyait cet étranger, plus il l'entendait respirer à ses côtés, plus la réappropriation de sa Torah lui devenait nécessaire.

— Mais grimpez donc. Vous n'en avez donc pas assez du désert et des cailloux ?

En moins de deux Thaddée se retrouva sur cette carriole brinquebalante qui menaçait de chavirer. Le serviteur tenait les rênes et tout dans son allure était repoussant, écœurant, monstrueux. Les Égyptiens étaient peut-être des maudits mais ce qu'avait sous ses yeux Thaddée dépassait la malédiction. Maintenant, il en était certain, il était au centre d'un cauchemar particulièrement subtil, pernicieux, menaçant. « Oh Seigneur, par pitié, faites que je me réveille. »

— À Jérusalem ! cria l'étranger comme dans un délire. Il criait et son sourire sardonique découvrait la folie et le désespoir.

— À Jérusalem ! éclata-t-il d'un rire terrible. N'est-ce pas là que vous allez ?

« À Jérusalem, c'est là que nous avons tous rendez-vous. Jérusalem, Jérusalem… »

Salvitius – Quirinus

Petit matin, ni repos ni sommeil pour l'espion et l'informateur. Salvitius est à toute épreuve. Il se frottait les mains, le petit Romain. Ce nouveau soleil annonçait son triomphe. Il en salivait par avance.

— Va me réveiller Quirinus.

— Hein, quoi, comment ?

— Va réveiller Quirinus et dis-lui que Salvitius a des informations à lui communiquer !

Le légionnaire n'avait pas, dans un premier temps, reconnu le chef de la garnison spéciale qu'avait instituée Quirinus afin d'espionner la populace frondeuse. Salvitius prenait un malin plaisir à dérouter la garde rapprochée de Pilate. C'était une jubilation toujours recommencée de voir ces lourdauds décontenancés par ses injonctions, prêts à faire usage de leurs armes, puis soudain tout penauds quand ils découvraient à qui ils avaient affaire. « Hi, hi, hi, qu'ils sont sots, qu'ils sont absolument et irrémédiablement crétins ! Moi, quand je vois un chien, je me dis que c'est peut-être un chat et quand je vois un tigre, je me dis que ce n'est peut-être qu'une hirondelle, car ce qui est visible n'est le plus souvent qu'un mirage, une illusion, un filtre pour tromper les hommes. Ceux qui pénètrent les cœurs, ceux-là sont les rois… »

Les paupières tombantes, la lippe tremblante, Quirinus attendait Salvitius. Il l'attendait avec la ferme intention que cette entrevue durât le moins longtemps possible.

Le centurion détestait Salvitius. Il haïssait ce petit air licencieux qui lui collait à la peau. En d'autres temps et en d'autres lieux, il n'aurait pas hésité à le faire éliminer bien qu'il fût contre le procédé des proscriptions ; mais l'expérience lui avait enseigné que certaines gens sont nuisibles à la bonne marche d'une société, ou pire, nuisibles à votre propre existence, et que parfois il faut commettre l'irréparable. Il redoutait surtout que les talents de l'espion lui échappassent et se retournassent contre lui. Salvitius était le genre à vendre ses services aux plus puissants du moment. Il n'avait pas de fidélité. Mais un homme de l'ordre avait besoin de la lie pour assurer son pouvoir. Les affaires de basse police sont toujours le fait d'individus interlopes qui valent souvent moins que ceux qu'ils traquent. Salvitius était la déjection dont Quirinus avait besoin. Cependant, quand tout cela serait terminé, il faudrait sans doute l'éliminer.

— Le fruit est mûr, croyez-moi. Tout plein de petits conspirateurs, nous les aurons bientôt sur un plateau.

— Celui que je veux avec toute sa clique, c'est Barabbas. Charge-toi de me le trouver. Le reste ne m'intéresse pas.

— Oh lui, vous l'aurez, avec toute sa secte de comploteurs.

— La tête, je veux la tête, pas du menu fretin ou des pseudos révolutionnaires. La tête pensante des zélotes et des sicaires, tu m'entends ?

— Bien sûr, bien sûr. La tête pensante et tout ce qui est relié à la tête, le corps tout entier de la révolution, hi, hi ! La révolution étouffée dans l'œuf ! Bientôt ils vont organiser une grande réunion, et moi, je serai là pour les accueillir et les élever. Adieu les rêves de liberté. Toute une allée de croix pour nous protéger du soleil, nous faire de l'ombre, hi, hi, hi !

Quirinus l'observait stupéfait. Ce Salvitius était un fou complet... Il regrettait d'être entré en contact avec cet insecte mais il était le seul de sa connaissance capable de s'acquitter avec autant d'application au vice de la délation. Sans doute cette absence de remords et d'humanité dans ses petits yeux vicieux, dans ce rictus écœurant, sans doute ce dégoût mélangé à cette fascination qu'il provoquait l'avaient protégé jusqu'à présent. Comment pouvait-il en être autrement ? Il était trop visqueux pour qu'on se salît les mains et rien que d'y penser, il vous donnait la nausée. Et pourtant, il faudrait sans doute…

— Votre seigneurie est-elle satisfaite ?

— Nous les aurons donc rapidement ?

— Rapidement, oh que oui. Mûrs, on ne peut plus mûrs, je vous le répète. Toute une cargaison de figues qui tombent de l'arbre. Juste à se baisser pour les ramasser, mûres pour sécher au soleil…

Quirinus en avait assez pour ce matin. Salvitius continuait d'empirer son humeur pour cette journée qui promettait d'être difficile. Il suffisait déjà du préfet avec ses élans de philanthropie coupable, nul n'était besoin d'ajouter ce dégoulinant et spongieux Salvitius.

— Laisse-moi, maintenant. Reviens avec de bonnes nouvelles. Tu sais comment Rome récompense ceux qui la servent fidèlement.

— Que trop bien, hi, hi, hi !

Salvitius quitta à petits pas les quartiers du centurion, le laissant perplexe. Quirinus ne savait si son hoquettement convulsif signifiait qu'il lisait dans son jeu ou simplement qu'il était en proie à une de ses crises de fièvre inexplicable. Oui, il faudrait… Le sort en était jeté…

Pilate

Le rire frénétique emplissait les corridors du palais Antonia, Pilate en fut secoué d'un spasme. Il se réveilla en sursaut, craignant qu'on vienne l'assassiner. Tout en sueur, il chercha Claudia du regard. Elle dormait là à ses côtés et n'avait pas semblé être dérangée par ces bruits étranges, ni par l'angoisse qui l'avait saisi. Elle était à ses côtés, mais son visage dans son sommeil n'était plus le visage serein de la Claudia qu'il connaissait. Une pointe de contrariété altérait sa beauté.

« Mais personne n'est parfait, ma chère et tendre Claudia, personne n'est parfait et moi, Pilate, pas plus qu'un autre. À ma place, tout autre gouverneur aurait agi de même. Et sans doute plus qu'un autre, j'ai cherché à l'épargner. C'est lui qui ne voulait pas. C'est lui qui voulait périr comme un chien. Moi, je n'ai fait qu'obéir à la loi. Je n'ai fait qu'assumer les servitudes attenantes à ma charge. »

Mais ses pensées ne parvenaient pas à effacer le masque réprobateur de sa chère et tendre épouse. La magie s'était envolée. Désormais, elle le regardait comme un étranger. Le pire était qu'elle lui refusait une explication. Il ne pouvait croire que le seul fait d'avoir envoyé ce Jésus au supplice suffisait à la mettre dans cet état. Il devait se cacher là quelque autre explication, un de ces mystères propres au caractère des femmes, une de leurs lubies. On lui avait raconté que l'amour pouvait se dissoudre d'un coup, pour un détail, sans qu'il fût possible pour l'objet soudain rejeté de s'y préparer. Non, Claudia ne saurait le battre froid longtemps. Tout cela n'était qu'une tocade passagère. Ce Jésus l'avait mise en tempête mais dans quelque temps la crise serait dissipée et tout rentrerait dans l'ordre. Tout serait comme autrefois. Tout couple devait connaître l'épreuve. Surmonter la difficulté, n'était-ce pas ce qu'il avait fait depuis des années ? Il savait bien que cette affectation ne serait pas une sinécure et qu'une femme amoureuse des mondanités, privée de Rome pour des années, le vivrait difficilement. Tout ici pouvait s'apparenter à un exil et à une punition, mais il était tout de même le préfet de la Judée-Samarie. Il avait des milliers d'hommes sous ses ordres et les autochtones étaient ses sujets. Pour eux, l'empereur était une image lointaine, un dieu aux traits mal définis, et ce n'étaient pas les sculptures qui le rendaient vivant. Pour eux, il était l'empereur, il était Rome, et ça, personne ne pouvait le lui enlever. Un soi-disant prophète d'un peuple vaincu ne saurait remettre en cause de telles évidences. Mais ce visage ne voulait pas abdiquer, il continuait à la lumière de la bougie de narguer l'homme le plus puissant de feu Canaan. Sans faire exprès, tandis qu'il agitait le brûle-jonc près de son visage, il fit tomber un filet de graisse animale sur la joue diaphane de son bijou. Elle eut une petite grimace, un léger soupir de douleur, commença à ouvrir les yeux, cherchant à comprendre d'où lui venait cette morsure inconnue. Pilate était effrayé et affolé. Il venait peut-être de commettre l'irréparable et d'abîmer son culte, sa déesse.

— Claudia, ma petite, pardonne-moi, pardonne-moi. Je n'ai pas fait exprès. Oh comme je suis stupide…

Elle se touchait à présent la joue et commençait à comprendre ce qui lui était arrivée. Elle sentit une légère inflammation.

Pilate s'était agenouillé et se répandait en protestations et déclarations d'amour passionnées. Il était ridicule et pathétique ; elle ne l'écoutait pas. Elle prit un petit miroir qui trônait non loin de sa couche… En effet, une gouttelette l'avait atteinte. Mais ce n'était pas grand-chose. D'ici quelques jours, la marque aurait disparu. Elle était néanmoins contrariée. Qu'avait-il besoin d'agiter la flamme sous son nez au risque de la défigurer ou de provoquer un incendie ? Et il était insupportable, à s'excuser tout le temps. Autrefois elle chérissait ses transports, ses élans passionnés, et puis tout ça avait fini par la lasser. Elle ne se l'expliquait pas très bien d'ailleurs. Bien entendu il l'aimait, mais il l'aimait d'une façon qui lui déplaisait. À Rome, être un trophée était la norme. Elle avait été sa conquête, son haut fait d'arme. Elle avait pris goût aux honneurs et aux colifichets. Puis était venu le temps de suivre le serviteur de la mère patrie. Elle n'appréciait pas la vie d'épouse de gouverneur. Elle se sentait loin de tout ce qui avait constitué son quotidien. Pilate lui était apparu sous un jour nouveau. Il était devenu soucieux, irritable, et ses transports avaient perdu de leur fraîcheur passée. Et puis, il ne lui laissait plus une minute de répit. Il s'enquérait de tout ce qu'elle faisait. Elle était obligée de constamment se justifier sur ses faits et gestes. Sa liberté devint insignifiante. Elle savait qu'il la faisait surveiller, qu'il s'inquiétait sans cesse, mais que par-dessus tout il craignait l'irréparable : qu'elle commît l'impudicité. Et puis son jugement sur les Juifs avait évolué. Tout d'abord, elle n'en pensait pas grand-chose. Elle s'imaginait vivre au sein d'un grand palais, des centaines d'esclaves dévoués à ses moindres désirs. Elle s'était vue comme une reine égyptienne. C'est ainsi que Pilate lui avait vendu la Judée-Samarie. Mais la réalité était tout autre et la prise de conscience avait été cruelle. Certes, il y avait des esclaves pour vous servir, quelques beaux palais, quelques belles réalisations qui marquaient le génie romain et la gloire de l'empire. Mais ici, vous étiez en terre étrangère et, elle devait bien l'admettre, en terre ennemie. Rome était vouée aux gémonies dans des milliers de cœurs à chaque heure du jour et de la nuit. L'air que l'on respirait était chargé d'une haine irréductible et les préfets débonnaires étaient ceux dont le peuple se méfiait le plus. Étonnamment, elle semblait avoir plus de lucidité sur cette question que son préfet de mari. Plusieurs fois elle avait essayé de lui en faire part, mais Pilate l'avait renvoyée à ses devoirs domestiques. Elle n'y comprenait rien, ne pouvait rien y comprendre et, de toute façon, n'était pas habilitée à diriger une province romaine. Tout était dit. Elle se tairait dorénavant. Et qu'il ne compte plus sur elle pour jouer les dames épanchées.

À force de regarder vivre les Judéens, elle avait fini par les comprendre. Elle n'était plus dupe de leur unité de façade, construite uniquement autour de leur ressentiment commun contre l'occupant. Elle s'était rendu compte que le pouvoir des prêtres ne tenait que par le prestige du Temple et qu'il tendait à se rétrécir comme une peau de chagrin ; mais leur conception de ce qu'ils nommaient l'Éternel l'intriguait. Habituée à la piété et la religiosité romaines, elle découvrait ce monothéisme insolite qui était le ciment de cette nation soumise. Surtout, elle s'était aperçue que les réponses romaines n'étaient pas adaptées aux Juifs et qu'elles n'assuraient qu'un contentement provisoire. Dès que Pilate prenait une décision un tant soit peu romaine, l'émeute n'était jamais loin. Ce qui l'étonnait encore, c'étaient ces continuels palabres entre eux. Ils se disputaient à tout bout de champ pour un rien et avaient l'air de trouver ça très naturel. Elle s'étonnait même qu'une telle mentalité ne suscitât pas plus de crimes. Elle devait bien admettre, malgré leur insoumission chronique et leurs habituels grognements, qu'ils étaient civilisés, ces barbares du levant. Oui, ils l'étaient, et par bien des aspects, beaucoup plus que la populace de la capitale.

Au contact des femmes juives, elle avait senti que ce qui lui manquait le plus, c'était cette descendance que Pilate ne lui avait pas encore donnée. Chérir sa progéniture, la couvrir de baisers, se convaincre que sa chair vous survivra… S'il la lui avait donnée, elle lui aurait tout pardonné. Peut-être n'était-il pas encore trop tard. Peut-être…

— Ma chérie, ma beauté, qu'ai-je fait !

Mais elle se taisait obstinément. Elle se leva, toujours en silence, et nonchalamment se dirigea vers ses appartements. Jamais elle n'eut un regard pour Pilate, pas un geste, pas un souffle. Une mer d'indifférence. Et lui, le cœur marqué au fer rouge, conscient qu'elle lui échappait, conscient qu'elle était la seule chose qui ait compté dans sa vie, conscient qu'il ne savait pas l'aimer, poussa un sourd gémissement, un gémissement de défaite et d'inaltérable amertume. Mais alors qu'il aurait voulu que son cri fît craquer les murs, que son cri ravivât les pauvres braises de la passion enfuie, que son cri la ramenât à lui pour de bon, il ne put laisser échapper que ce soupir misérable et inaudible. Il ne put sortir de lui-même. Non, il était préfet de Judée, il était à la tête de milliers d'hommes, roi de millions d'âmes, et ceux qui en doutaient étaient des sots, des aigris, des malhonnêtes qu'il fallait ramener à de plus justes sentiments...

Barabbas

Il avait dormi un peu plus que ce qu'il devait. Il était en colère contre lui-même. Le soleil était déjà haut dans le ciel et on ne rattrapait jamais le temps perdu dans les révolutions. Ses acolytes Mordohaï et Josué, qui plus est, n'étaient pas là. Que cachait leur absence ? Ils s'étaient probablement endormis en chemin. Pourvu qu'ils aient retrouvé le disciple Thaddée... Il savait qu'il devrait jouer serré avec les proches de Jésus. L'assentiment du zélote à son plan grandiose n'était pas suffisant. Il lui fallait deux ou trois soutiens de poids parmi eux pour les faire basculer dans la révolte. Thaddée n'était pas le plus charismatique mais sa moralité était sans tache et son dévouement sans borne. Son calcul était simple. Donner du poids à ce qui n'en avait pas assez, jouer sur la colère. Il fallait convaincre deux faibles pour un fort. En d'autres termes, le zélote et Thaddée étaient les faibles, et Jean était le fort. Pour réussir, les deux branches devaient se rejoindre et faire tomber les autres en grappe. Il connaissait les limites de sa stratégie. Sa personnalité et les circonstances de sa libération étaient les deux points d'achoppement majeurs. Mais il croyait en la puissance de son verbe et en son inépuisable énergie. Il suffisait de voir comment il avait retourné le zélote. Pourtant, avec Thaddée, l'affaire se présentait plutôt mal. La première partie de l'opération avait été un chef-d'œuvre, un déroulement sidérant, c'était presque trop beau avait-il pensé, mais c'est maintenant, maintenant que l'euphorie de la libération et de cette première victoire fantastique était retombée, que tout allait se jouer. Oui, ce risque de mettre son destin dans les mains d'hommes médiocres et sans qualités morales était un mal nécessaire. La fin justifiait les moyens. Mais ces cas de conscience commençaient à l'agacer. La cause d'Israël devait l'emporter sur tout le reste. Il n'avait plus le droit de douter. Il n'avait plus le droit de s'interroger sur le bien-fondé de tel ou tel acte. Il était allé trop loin pour reculer.

Il repensa soudain à son père. Son père d'ailleurs ne le quittait plus. Il le détestait, mais aujourd'hui il le jugeait avec indulgence. Lui aussi avait ses idées fixes, et dans sa folie il y avait tout de même le désir de redonner sa dignité à ce qui avait été perdu.

— Pauvre vieillard, tu méritais l'indulgence, et ces mots, comme j'aurais voulu que tu les entendes, et tu aurais vu que ton fils n'était pas aussi mauvais que tu le prétendais et qu'il aurait pu lui aussi faire un bon et saint Juif. Un bon et saint Juif...

Non, l'indulgence, ça serait pour plus tard, quand le dernier bâtard romain aurait été bouté hors de la Terre promise.

Il guettait le retour de ses hommes. Mais rien ne se présentait à l'horizon. Seul ce soleil ennemi annonçait sa domination et une journée radieuse...

Après la désolation, l'Éternel avait donc choisi d'apaiser son courroux ; mais ce ciel était un peu trop tranquille, un peu trop jovial, et pour tout dire un peu trop engageant pour ne pas cacher quelques surprises douloureuses.

Il fit quelques pas dans la direction qu'ils avaient suivie quelques heures plus tôt. Il se rappela leur visage, leur départ. Il se rappela leurs clins d'œil et leur moue dubitative. Il se rappela qu'il n'avait pas assez puni Josué et que la mansuétude est toujours un signe de faiblesse et de déclin chez les bandits. L'angoisse petit à petit progressait dans tout son corps. Par tous ses pores, elle menaçait à présent de s'échapper. Déjà ses mains étaient moites, ses sandales collaient la terre, son ventre était douloureux. Il était temps d'agir... Mais l'image du vieillard vint à nouveau se superposer à ses rêves patriotiques. Ce visage de mépris, ce visage qui l'avait rejeté... Barabbas grimaça : il fallait se dépêcher. Il venait d'apercevoir le sourire de la mort.

Sarah – Nathanaël

Elle le regardait dans son sommeil. Il était beau, il respirait la dignité, la droiture, la justice et pourtant il ne voulait pas voir ce que tout le monde voyait. Il avait fermé son cœur à ses appels. Il avait étouffé dans l'œuf les germes de cet amour et pourtant ils allaient si bien ensemble. N'était-ce pas ce que sa vieille tante lui avait avoué un soir de printemps, un soir qu'elle s'était ouverte à la seule personne en qui elle avait entièrement confiance ? Et ce soir de printemps, où les déserts de Canaan se mettaient à rêver de floraison, elle avait cru qu'elle avait reçu la bénédiction de l'Éternel et que les obstacles à son union s'étaient effacés. Elle le regardait dans son sommeil et il était beau, et il était fort et il ne l'aimerait jamais... Et si le drame qui s'était joué quelques heures plus tôt avait changé son humeur, si son cœur s'était assoupli... Et si dans sa souffrance, il avait besoin d'un réconfort, d'une présence bienveillante, bienfaisante, afin de reprendre le dessus... Comme il avait l'air touché, détruit par ce qui s'était déroulé devant ses yeux... Oh, comme il avait besoin d'elle...

— Dors en paix, mon prince, mon roi, dors en paix, je serai pour toi mieux qu'une mère et qu'une épouse, je danserai pour toi, je serai ta reine de Saba, ton joyau inaltérable... Dors en paix mon prince, mon roi, car je suis là, je ne t'abandonnerai pas et s'ils viennent te chercher, je me jetterai contre leur lance, et avant qu'ils aient eu le temps de m'achever, tu auras réussi à t'enfuir.

Deux petites larmes roulèrent sur ses joues. Elle les essuya délicatement mais les devoirs de la maisonnée l'appelaient. Benjamin ne tarderait pas à se réveiller et ce shabbat aurait un goût particulier. Il faudrait faire bonne figure, ne pas se laisser gagner par le désespoir, garder le souci de sa dignité et respecter la volonté de l'Éternel. Comme tout ça serait difficile, comme tout nécessitait un amour sans borne…

Il grogna, il se réveillait, ô Seigneur, il se réveillait. Mais non, ce n'était qu'une fausse alerte. Et dire que rien n'était prêt ! Mais qu'attendait-elle pour se mettre en mouvement, pour préparer sa collation du matin ? Il était si fatigué qu'il aurait besoin d'un repas consistant. Mais rien n'était prêt. La journée d'hier avait été si terrible qu'elle n'avait tout simplement pas eu la volonté. Elle avait sombré comme tous les autres et maintenant il fallait à nouveau offenser l'Éternel.

— Je ne suis pas digne de te voir, je ne suis digne de rien du tout mais ne me mets pas la tête sous le boisseau encore une fois, ne me remets pas la tête sous le boisseau, gémit-elle.

Elle avait attendu et cette attente lui était apparue longue. Mais l'Éternel n'avait pas abattu sa main puissante, n'avait pas tonné le chant des malédictions ; l'Éternel s'était tu et retiré.

Tout doucement, elle s'était relevée. Elle respirait à plein poumon. Le soleil n'avait pas disparu…

— Tu parles toute seule maintenant ?

Elle avait tressailli. Son frère avait posé sa main sur son épaule et dans ses yeux dansaient les petites étoiles de la commisération.

— Ma pauvre petite sœur…

Comme ces yeux connaissaient les mystères et les secrets bien gardés…

— Ma pauvre petite sœur, qu'allons-nous devenir ?

— J'ai à faire, tu sais. Je sais que j'offense l'Éternel mais il me pardonnera, je le sens, et lui, s'il décide de ne pas m'aimer, c'est que notre destin n'est pas commun. Alors il n'y a rien à dire, juste à se taire, se cacher et pleurer. Le désert a tant besoin d'eau, et moi, je pleure depuis que je ne baigne plus dans le ventre de notre mère. Mais le soleil est toujours là. Et tant pis s'il ne m'aime pas. Je ne serai pas la première ni la dernière. Je trouverai un bon à rien pour assurer la descendance, pour perpétuer la race, et l'enfant, je lui enseignerai avant même qu'il n'ouvre les yeux tout ce que nous sommes, et l'ange viendra lui rendre un instant l'innocence, la non-connaissance, et moi, je pleure depuis que je ne baigne plus dans le ventre de ma mère…

Philippe

Il regrettait mais cela avait été plus fort que lui. Il regrettait mais tous ces cris, ces reproches, ces débordements d'affection maladive, il ne les supportait plus. Il les avait tellement subis, il les connaissait tellement par cœur, ils l'avaient tellement façonné que maintenant c'était le trop-plein, le reflux, l'envie de tout casser autour de lui et de se frotter, d'enlever cette odeur, son odeur, de la fuir…

Béni soit celui qui l'avait affublé d'un nom grec. Béni soit feu son père de lui avoir ouvert les portes de la grande civilisation.

Les rues se remplissaient du peuple qui se rendait à la synagogue. Le Temple bourdonnerait bientôt comme une ruche, et tous feraient comme s'il ne s'était rien passé, comme si la veille un innocent n'avait pas été mis en croix, comme si la terre n'avait pas tremblé. Mais au fait, la terre avait-elle tremblé et l'innocent était-il si innocent que cela ? Voilà ce que leur visage proclamait. Un innocent qui ne se défend pas, n'est-ce pas un aveu de culpabilité ?

« Oui, béni soit celui qui m'a donné un nom grec. »

Qu'avaient-ils fait de leur science, de leur texte, de l'enseignement des sages et des prophètes ? Ils étaient tous comme sa mère. Ils avaient peur et n'étaient plus prêts à entendre une voix singulière.

Ils avaient bouché leurs oreilles, clos leurs paupières et leur cœur était semblable à celui des renégats durant la sortie d'Égypte : traître à Moïse. Comme il aurait voulu les battre, les fracasser, comme il aurait voulu leur faire entendre raison. Oh ! que tout ce spectacle lui était odieux, une mascarade indigne ! Comme sa race lui inspirait le dégoût ! Ses frères n'étaient plus ses frères ! « Les Romains avaient su nous juger. Nous étions destinés à les servir, à leur baiser les pieds. Nos cris, nos revendications de liberté ? Du vent, des paroles sans lendemain, tout juste bonnes à impressionner les filles sans cervelle. »

Il butta contre un vieillard qui avait eu le malheur de ne pas s'écarter devant sa marche vindicative. Un vieillard qui n'avait pas l'air contrit, ni déterminé à lui présenter des excuses. C'est alors qu'il le saisit, le plaqua contre le mur d'une maison. C'est alors qu'il put mesurer toute l'étendue de sa haine, tout ce besoin qu'il avait de faire mal à quelqu'un, toute cette colère dont il n'osait s'avouer qu'elle n'était destinée qu'à ce Dieu qui avait laissé mourir son prophète.

— Je suis désolé, mes jambes sont fatiguées et voilà des années que je ne vois plus…

Il lui serrait la gorge, sa bouche était crispée, la bave affleurait et ses yeux brillaient de milliers de larmes stériles.

— Si j'avais eu la chance de rencontrer l'homme qui faisait des miracles, lui, il m'aurait rendu la vue…

Et tandis que les os de son cou étaient sur le point de rompre, il avait l'air de sourire. Il avait l'air d'attendre sa libération avec impatience.

Le visage déformé par la haine, Philippe fut pris d'un inexplicable sanglot, un sanglot du fond des âges, anéantissement devant l'innocence…

Il desserra l'étreinte. L'homme toussait, toussait encore et encore.

— Mais pourquoi n'avez-vous pas continué ? Je voulais partir ! Car maintenant qu'ils l'ont tué, qui me rendra la vue, qui permettra à mes pauvres jambes de retrouver leur souplesse, qui me rendra ma jeunesse ? Moi, je n'étais venu que pour lui et voilà qu'ils l'ont tué...

La foule grossissait. Des milliers de visages suspicieux le guettaient. On ne se comporte pas ainsi le jour béni où l'on honore l'Éternel...

Autour de lui, il y avait des bousculades, des mères qui criaient après leurs enfants, une multitude de gens perdus, de malheureux, et cet homme qu'il avait presque tué, cet homme qui n'était venu que pour celui qui n'était plus.

Il se retourna. Il fallait qu'il lui parle, à ce pauvre aveugle. Mais il avait disparu, happé par la foule, englouti par l'amas de pèlerins. Il s'était lancé à sa poursuite, mais déjà les grognements de tout ce peuple qu'il bousculait refroidissaient son ardeur. Pourtant il devait le retrouver, lui avouer que lui aussi n'était là que pour le Rabbi. Voilà qu'il approchait du Temple, qu'il arpentait le chemin que son maître avait parcouru quelques heures plus tôt. Sa volonté se diluait dans la foule. Voilà qu'il était de nouveau parmi ses frères honnis...

Nathanaël – Sarah – Benjamin

Nathanaël s'était réveillé. L'expression de son visage n'avait pas varié. Tout avait l'air irréel. Il les regardait mais demeurait muet. Ils s'agitaient. Mais comment pouvait-on s'agiter ? Oui, comment ? Le soleil n'était-il pas mort ?

— Irons-nous à la synagogue, mon frère ? demanda Sarah.

— Oui, nous irons, répondit Benjamin. Nous irons et nous remercierons l'Éternel de nous avoir accordé sa miséricorde.

— Et Nathanaël, viendra-t-il avec nous ?

— S'il se sent bien, s'il se sent prêt, alors il viendra.

— Et après, comment ferons-nous, mon frère ?

— Nous ferons comme nous avons toujours fait. Rien n'a changé, rien ne changera.

— Et les murs lézardés, et le toit troué…

— Demain, je réparerai le toit et je consoliderai les murs. Demain…

Il n'avait pas achevé… Nathanaël les voyait pleurer. Le soleil ne s'était finalement pas levé. C'était la fin, la race allait être anéantie par le froid, la suffocation, la solitude et ainsi périraient les fils d'Adam.

Il pensa à Philippe. Il se rappela le jour de la fameuse rencontre, lorsqu'il l'avait vu tout excité se présenter devant lui, révéler l'incarnation du rêve. « Je l'ai vu, c'est lui ! Je l'ai vu, c'est lui ! » Et Nathanaël de le regarder comme on regarde un camarade passionné par une futilité, incrédule, un sourire en coin jugeant que tout cela est somme toute très drôle : « Tu es parti, mon frère, pour que je me torde en deux. » « Je l'ai vu, je t'ai dit, c'est lui l'oint du Seigneur, je l'ai vu ! » Nathanaël l'avait alors questionné sur l'origine du fameux messie et, sans sourciller, Philippe avait proclamé qu'il venait de Nazareth en Galilée. Son visage attendait des applaudissements, des signes évidents de ferveur, mais Nathanaël était resté les bras croisés, stupéfait, mais d'une stupéfaction qui ressemblait à une tristesse infinie pour son meilleur ami réduit à croire les dernières fariboles du moment.

Il avait secoué la tête et avait demandé où se trouvait l'oint du Seigneur parce qu'il avait très envie de rencontrer ce phénomène et Philippe, faisant comme s'il n'avait pas remarqué son ton narquois, tout à son enthousiasme, lui avait lancé à la figure, comme un enfant sûr de son fait et de sa victoire sur le monde des adultes :

— Viens et tu verras ! Je lui ai parlé de toi. Il t'attend.

— Tu lui as parlé de moi et il m'attend ?

Nathanaël s'était levé, presque goguenard, et avait suivi le héraut de ce messie de pacotille comme il en fleurit à chaque nouvelle lune. Et après avoir un peu marché, trop à son goût pour cette mascarade, il s'était trouvé devant le Rabbi et ce regard posé sur lui l'avait surpris. Il ne s'était pas attendu à ça. Il s'était attendu à beaucoup de choses, mais pas à ce regard. Et le Rabbi lui avait demandé de s'asseoir, il lui avait révélé qu'il le connaissait, qu'il l'avait toujours connu, et qu'il savait que son cœur avait la passion d'Israël... Et tandis qu'il avait tenté de reprendre ses esprits, qu'il s'était apprêté à contre-attaquer, il lui avait révélé qu'il l'avait vu sous le figuier et que sous le figuier il l'avait choisi au milieu de tant d'autres. Alors il n'était plus question de contre-attaquer, il n'était plus question de rien du tout, car sous le figuier ce jour-là, il était seul, sans père, ni mère, ni fiancée, ni ami, ni ennemi. Il était seul avec lui-même. Il s'était rappelé son enfance à Cana, juste son enfance à Cana quand l'innocence était encore là, quand il pensait que le monde n'était pas peuplé de méchants et que la mort ne le prendrait jamais. Maintenant il savait que son cœur n'était pas pur, qu'il était capable de dureté et qu'il n'échapperait pas à la mort. Sous le figuier il était nu, faible et fragile, à la merci des quatre vents, de la pluie froide, des rayons du soleil. Sous le figuier, il voulait que personne ne le vît ainsi car il aurait alors dû tricher, donner le change. Il aurait fallu briser le charme et malgré toute la tristesse qu'il ressentait, il ne voulait pas qu'on le dérangeât, il ne voulait pas faire l'économie de son introspection. Personne ne l'avait vu, il en était certain, mais cet homme avait été capable de lire dans son cœur, de voir ce que personne, excepté l'Éternel, ne pouvait voir. Et il était de Galilée ? Et il ne s'en cachait pas ? « Et s'il était celui que Moïse et les prophètes nous avaient promis ? »

Sarah et Benjamin ne pleuraient plus. Ils s'habillaient à présent. Ils allaient donc sortir. Mais Nathanaël ne désirait pas rester seul. Il craignait que le figuier l'écrasât, qu'il ne fût plus de taille devant sa majesté. Il craignait sa nudité...

Benjamin avait perçu son geste. Il sourit légèrement. Il était heureux malgré tout que la vie reprît ses droits. Il savait que cette épreuve serait difficile à traverser. Ils étaient comme des paysans devant leur récolte dévastée par les sauterelles, ruinés et démunis. Mais il leur fallait se remettre en chemin. Autrefois, Benjamin n'aurait pas pleuré. Il aurait juste conçu une haine irréductible pour ses ennemis. Il aurait patiemment guetté le souverain sacrificateur et l'aurait immolé sur l'autel de la vengeance. Mais ce geste inconsidéré ne ferait pas revenir le Rabbi. L'Éternel leur avait enseigné à se voiler la face, alors ils attendraient. Ils attendraient que l'Alliance trouvât sa pleine et entière justification et ne demanderaient pas de compte. Attendre, c'est ce qu'il y a de plus compliqué pour un homme. Car même le sage et l'ermite dans le désert sont toujours torturés par l'action. Attendre, c'est si proche de la mort, si proche de la mort...

Ils soutinrent Nathanaël, l'aidèrent à s'habiller et, quand cela fut fait, le frère et la sœur se prirent par la main. Maintenant, ils étaient passés de l'autre côté. Le temps des excuses était révolu. Quoi que l'avenir leur réservât, ils devraient être forts, aller de l'avant. C'est ainsi qu'ils se montreraient dignes. C'est ainsi que le soleil continuerait de briller pour eux.

Thaddée

La carriole grinçait de toutes parts. On se retournait sur son passage avec des yeux effarés. C'était le cortège le plus étrange qu'il avait été donné de voir aux villageois peuplant les abords de Jérusalem. Certains avaient eu leur maison en partie détruite, d'autres avaient été touchés par le deuil, d'autres encore soignaient leurs blessures, mais chaque fois qu'elle se présentait devant eux, c'était la même sensation d'effarement et de terreur. Ils ne comprenaient pas ce que cette apparition signifiait. Elle n'appartenait pas à leur temps. Elle n'appartenait à rien de ce qu'ils connaissaient. Elle était pire qu'une plaie d'Égypte. Et l'horreur absolue était de constater qu'un des leurs se trouvait à côté des monstres qui conduisaient ce charriot infernal.

— Vous êtes sûr que vous ne voulez rien manger ?

— Je vous suis reconnaissant pour tout ce que vous avez fait jusqu'à présent, mais si vous vouliez bien me déposer ici, ce serait parfait.

— Ici ? N'y comptez pas. Je connais bien ces villageois et la plupart sont des voleurs, des détrousseurs, des sicaires. Dans votre état…

— Ces villageois, des sicaires ?

Il n'avait plus l'énergie pour contester les affirmations de l'inconnu. Il avait de plus en plus faim. Ses forces l'abandonnaient. Il lui fallait résister mais cet homme était aussi glissant qu'une anguille. Chaque fois qu'il sentait l'opportunité de reprendre la main, l'homme lui filait entre les doigts. Il avait réponse à tout, découvrait toujours un moyen de détourner la conversation, si bien que rien n'avançait. C'était un sempiternel *statu quo*. Si seulement il pouvait grignoter quelque chose, il aurait retrouvé un peu de lucidité, mais manger la nourriture de cet individu, au-delà de l'impureté, c'était rentrer un peu plus en sa possession. Et qui sait ce que recelaient ces aliments ? Il y avait aussi cet affreux esclave. Chaque fois que Thaddée le regardait, il en éprouvait un inqualifiable dégoût. Il était persuadé que, sous sa tunique, il cachait un poignard prêt à servir en cas de geste impromptu. Quitte à mourir, Thaddée ne voulait pas mourir sur cette carriole. Il en vint à regretter ses précédents persécuteurs.

Plus le temps passait, plus le soleil prenait son essor, plus il s'approchait de Jérusalem, plus il se rendait compte que rien n'était normal chez son hôte. Mais il fallait qu'il mangeât, qu'il restât éveillé… Malgré tout son courage, toute sa volonté, il sombra dans le sommeil.

Il se réveilla soudain. La carriole avait arrêté sa marche. Le soleil était haut. Il avait dû s'assoupir un bon moment. Il pouvait distinguer clairement Jérusalem en contrebas. Des milliers de petites fourmis confluaient vers le Temple. Alors que l'aiguillon de la faim lui accordait un répit, c'est maintenant la soif qui l'obnubilait. Une outre était placée à ses côtés, et la soif réclamait ses droits. Même un prophète n'aurait pas pu y résister. Il s'empara de l'outre et but à grosses goulées. L'eau lui ruisselait sur tout le corps. C'était une sensation incroyable, un plaisir divin. Il resta ainsi en extase quelques instants. Le ciel lui parut une merveille, le soleil un ami sûr et fidèle, ses ennuis s'étaient momentanément envolés. Il profitait de l'instant présent. Il le savourait. C'est ainsi qu'aurait dû être la vie. Trouver la quintessence de chaque moment, ne jamais altérer la pureté des éléments, jouir magnifiquement de ce paradis dont nous avions perdu conscience. « Oui, tel devrait être notre but, notre prière vers l'Éternel… »

Des bruits de pas à quelques encablures de la carriole le ramenèrent à sa douloureuse réalité. Accaparé par sa soif, il n'avait pas remarqué qu'il était seul, qu'il aurait pu tenter de s'échapper, qu'il venait de perdre une occasion inespérée. Il n'était peut-être pas encore trop tard. Il porta un regard circulaire. En une fraction de seconde se mélangèrent les arbres, les cailloux, Jérusalem et ses grappes humaines. Non, il n'était pas trop tard. L'étranger et son serviteur avaient bel et bien disparu.

Il s'extirpa de la carriole, prenant bien soin de ne rien faire cliqueter de ce capharnaüm. Il caressa délicatement le cheval, et la brave bête ne broncha pas, semblant lui donner son accord. Sur la pointe des pieds, malgré le raidissement de ses muscles et les multiples courbatures qui l'accablaient, il s'éloigna de cette prison qui ne voulait pas dire son nom. Il fallait qu'il atteignît la crête de la colline, et après il descendrait tout tranquillement. Il reconnaissait les lieux. Un peu plus bas résidait un de ses oncles, et bien que leur relation se fût refroidie ces derniers temps, il ne lui refuserait pas l'hospitalité compte tenu de son état. Il y était presque. Un dernier effort, et après ce serait facile, juste être prudent, éviter de se tordre une cheville, et la chute bien entendu. Ça y est. Il y était. Jérusalem n'était plus très loin. Tous ses malheurs allaient enfin cesser. Il avait suffisamment souffert.

C'est d'abord les mouches qu'il remarqua, puis il distingua clairement l'arbre. Il poussa un cri d'horreur et tomba à genoux. Derrière lui les pas se rapprochaient. Maintenant, il savait qu'il ne leur échapperait plus.

Les oiseaux ne connaissaient pas la pitié. Frêles et fragiles pour la plupart, les quelques seigneurs de leur race les vengeaient superbement en rendant l'homme à sa condition de charogne en sursis. Et pourtant, de ce corps qui commençait à partir en lambeaux, à suinter de toutes parts, il y avait une majesté certaine. Il dominait Jérusalem. Mais sa domination, à l'image de ce qu'avait été son passage chez les vivants, était marquée par le retranchement et la solitude.

— C'est sûr, c'est un spectacle sidérant, commença l'étranger. Dans votre état, vous auriez dû vous abstenir. Le pauvre, regardez comme ces satanés corbeaux se sont attaqués à lui. Dans trois jours, il n'en restera plus rien. Je n'arrive jamais à m'y faire, à tous ces pendus. Notez bien qu'il s'est montré digne mais un brin orgueilleux. Il a pris sur lui de faire ça loin des habitations, et de ce fait de protéger les braves gens de la pestilence qui accompagne ce genre d'acte désespéré, mais il s'est mis suffisamment en évidence pour qu'on puisse le contempler de loin. Tous de grands acteurs, vous ne trouvez pas ? Il m'est arrivé de rencontrer lors d'un de mes voyages un homme qui avait convié sa famille, ses amis, à son immolation ; et le plus extraordinaire c'est que tous s'y sont rendus et aucun n'a cherché à l'empêcher d'accomplir l'irréparable. Tous au contraire avaient l'air de trouver cela normal et avaient éprouvé un plaisir non dissimulé. Notre acteur du jour avait certainement une haute vision de son personnage. Il a certainement hésité pendant des semaines avant de se décider à passer à l'acte. Ici, c'était un lieu idéal pour mourir. Il a dû repérer les lieux à l'avance ou alors il a été touché par une fulgurance que l'approche du moment crucial donne à certains hommes. Il espérait nous livrer son secret. Cependant les suicidaires oublient que la lucidité qui les habite ne nous touche jamais quand nous nous penchons sur leur cas. Les hommes se culpabilisent en se demandant ce qu'ils auraient dû faire, ou alors, un brin fatalistes, ils concluent qu'il n'y avait rien à faire, que cette histoire a fini comme elle devait finir. Jamais, au grand jamais, ils ne parviennent à cerner les motivations du malchanceux qui gît devant eux. D'ailleurs, s'ils les comprenaient, leur cœur s'en trouverait brisé. Un homme normalement constitué n'a de cesse de vouloir fuir la maladie. Les explications sont juste faites pour le rassurer et le convaincre qu'il n'est pas comme le pendu qui tourne au gré du vent.

L'étranger disait cela avec une jovialité sidérante. Malgré l'horreur que lui inspirait ce tableau, Thaddée ne pouvait décoller ses yeux de cet homme qui fixait lui-même amoureusement le corps sans vie et lacéré du triste pendu. À quelques pas de là, l'esclave n'avait rien perdu de son air farouche et semblait insensible à la scène qui se déroulait sous ses yeux.

— Non, je ne pourrai jamais m'y faire. Que le monde est cruel et insoutenable pour certaines âmes ! Elles vivent dans l'indifférence pendant des années et soudain leur solitude devient intolérable ; elles n'ont d'autre échappatoire que l'irréparable. La solitude les a vaincues. La solitude les possède et les fait danser. Le soleil s'est tu pour laisser passer la colère des oiseaux…

Et plus il parlait, plus ses yeux brillaient de fièvre, de désirs indicibles, plus sa bouche était tordue en un rictus odieux.

— N'avez-vous jamais songé, le jour où la douleur de tous ces incompris se répandra sur terre, quel en sera le résultat ? Un raz-de-marée inégalé, la race humaine balayée par les blessures infligées par son incommensurable égoïsme. Ce jour-là sera la véritable révélation et les pleurs des vivants ne pourront arrêter le flot ininterrompu des souffrances endurées. Ce sera le chaos absolu. Le déluge subi par Noé, en comparaison, ne sera qu'une plaisanterie. La race sera anéantie parce qu'elle est mauvaise et qu'elle déteste le beau et le vrai.

Il poussa un rire douloureux qui fit presque pitié à Thaddée, et voilà que son visage avait encore changé. C'était cette fois celui d'un homme fatigué, blessé, un visage qu'il ne lui connaissait pas auparavant. Il aurait juré qu'il l'avait vu pleurer…

— Qui connaît les arcanes de l'univers ? Voilà tellement d'années que je voyage, que je ne sais même plus où je suis né, qui est ma mère, qui est mon père. Voilà tellement d'années que je voyage, tellement d'années que je croise des petits pendus comme celui-ci, tellement d'années que les hommes ne veulent pas changer, que l'injustice triomphe un peu partout, que je suis fourbu comme une vieille carne, bon pour l'équarrissage… Fourbu, fourbu et le soleil ni la lune, ni les quatre vents, ni les quatre éléments, ni la connaissance de la connaissance, n'y pourront rien changer…

Il pleurait et souriait en même temps. C'était un fou, un dément. Il embrassait les pieds du cadavre puant. Les mouches virevoltaient autour de lui tandis que les charognards, plus haut, attendaient qu'on leur rendît leur festin. Il embrassait les pieds du cadavre puant et il sembla que cet homme avait pouvoir sur les créatures, mais que ce pouvoir ne lui servait à rien, qu'il n'en tirait aucune satisfaction mais plutôt une incomparable souffrance. Le discours de l'étranger commençait à agir sur Thaddée. Il se souvint qu'il n'avait jamais vraiment parlé avec Judas. Il ne l'avait jamais entrepris sur un sujet important, sur une des nombreuses polémiques qui agitaient la petite bande des adeptes du Rabbi. En vérité, il l'avait toujours craint. Il avait toujours redouté l'acuité de son regard, ce regard qui n'était jamais dupe des effets de manche, des élans passionnés, ce regard insidieux qui semblait dire : « Vous avez beau vous extasier, vous lancer dans des déclarations d'amour passionnées, aucun de vous ne sera avec lui au moment fatidique. Non, je serai le seul qui saura l'accompagner, le seul, et c'est pour cela que vous ne m'invitez jamais à vos confrontations ridicules, vos blablas stupides, vous auriez trop peur de lire votre disgrâce. Non, vous ne savez pas ce que sa grâce signifie. Même le plus fin d'entre vous ignore ce que je suis le seul à ne pas ignorer. »

Depuis le début, ils avaient fait comme si Judas était un étranger parmi eux, une coquetterie du maître. Il y avait bien un publicain, des prostituées, de vulgaires paysans, des pêcheurs, des prêtres, des convaincus de la cause nationale, il y avait même Thomas qui ne croyait peut-être en rien du tout, excepté en son bon plaisir. Alors Judas, dans ce tableau bigarré, n'était qu'un des multiples caractères étranges qui le composaient.

L'étranger s'agrippait aux pieds du traître et parlait une langue inconnue. C'était une lente et douloureuse incantation… C'était le fruit d'années de voyages et de rencontres. C'était le langage universel des suicidés. C'était l'ultime bénédiction, avant d'être rendu à la vermine. L'étranger déroulait sa litanie comme un prêtre voué à son culte. Thaddée ne comptait plus. Pendant ce temps, l'esclave s'était assis sur un tertre et attendait que tout ceci prît fin. Il était clair qu'il connaissait par cœur ce cérémonial et n'en éprouvait plus aucun intérêt, si tant est qu'il eût pu éprouver quelque chose. Il aurait été facile à Thaddée de fausser compagnie à ses ravisseurs, mais ce qu'il voyait le fascinait trop. L'étranger accaparait désormais totalement son attention. Il était à l'unisson du prêtre. Il vivait toutes ses émotions. Ses soupirs, ses larmes, ses gémissements, ses extases étaient les siennes. Il était dans sa séduction. Ses craintes, son dégoût l'avaient quitté. La souffrance des âmes errantes commençait à s'infiltrer dans son sang. Il voyait des choses insoupçonnées. Le monde se décomposait en de multiples dimensions. Il n'y avait plus de règles, plus de lois définitives ni préétablies, il n'y avait que des demandes d'amour qui flottaient autour de lui et des promesses avortées.

L'étranger s'était redressé. Les mains levées au ciel, il se taisait maintenant. Son regard fixait le soleil et il ne semblait pas souffrir des blessures de ses rayons. Finalement, ses paupières s'abattirent. Il resta ainsi encore quelques instants puis, les joues pleines de larmes, sans qu'on sût s'il s'agissait de la peine qu'il avait ressentie pour le pauvre Judas ou bien des effets de l'astre suprême, il regagna la carriole improbable et là, d'un coup, la terreur s'empara à nouveau de Thaddée. L'étranger le croisa sans même le regarder. Mais comment aurait-il pu ? Ses yeux étaient brûlés. La vie semblait s'en être échappée à tout jamais. Ses yeux... Deux gouffres insondables les avaient remplacés. Thaddée ne put s'empêcher de reculer et de crier d'effroi. Il criait, il criait comme jamais il n'avait crié. L'étranger se retourna avec cet étrange sourire qui n'avait cessé de le mettre mal à l'aise, ce sourire qui savait tout sur la fourberie et la duplicité des hommes.

— Mais pourquoi criez-vous donc ? N'avez-vous jamais vu de pendu ? Moi, j'en rencontre depuis que j'arpente cette terre.

Les mouches et les oiseaux semblaient rire de concert... Thaddée dévalait à nouveau la colline.

— Cours, cours, cache-toi là où tu veux mais un jour je te retrouverai et toi aussi tu auras droit à ta petite prière. Toi non plus je ne t'abandonnerai pas.

Le chariot s'ébranlait lentement. Les mouches avaient repris leur putride cérémonial, les charognards s'approchaient à nouveau. Tout était rentré dans l'ordre. On ne dérangerait plus le pendu.

Thomas

Il s'étonnait que Rebecca dormît profondément. D'habitude, quand il était agité et préoccupé, elle se réveillait et jouait l'admirable consolatrice. Mais cette fois-ci, elle était restée sourde à son cauchemar. Il la trouvait changée. Il y avait quelque chose qui ressemblait à de l'ennui dans son visage, un léger voile lui conférait une tristesse qui lui déplaisait.

Rebecca avait obtenu son indépendance grâce à son veuvage. Elle était riche. Ses prétendants étaient nombreux mais sa réputation sulfureuse. Pour les pharisiens, elle incarnait le péché implicite. Du point de vue de la Loi, on ne pouvait pas lui reprocher grand-chose, car même si on la suspectait de licence, on ne l'avait jamais surprise en flagrant délit. Elle avait appris à se méfier de tout le monde. Pour ses adversaires, il était difficile de la blâmer publiquement. Elle occupait une place de choix au sein de la communauté. Beaucoup d'entre eux discutaient du statut des veuves. Les bruits fous couraient à son sujet. Certains espéraient le moment béni de sa chute.

Quand il s'avéra que Jésus devenait un danger et un infréquentable, elle prit soin de prendre ses distances avec Thomas et d'attendre que tout cela se fût tassé. Maintenant que le prophète avait subi le fruit de ce qu'il avait semé, Thomas ne sentait plus le souffre. Le voir revenir tout penaud, c'était une victoire et une jouissance délicieuse. Rebecca savait quand le vent tournait. Les prêtres et les pharisiens avaient eu leur os à ronger. Pendant un temps, ils devraient se tenir tranquilles en raison de la dette qu'ils avaient contractée envers Pilate.

À l'inverse, Jésus l'avait toujours agacée. Non en raison de ses interprétations de la Torah mais parce qu'il prétendait faire de misérables et pauvres Judéens des héros. Si, dans la faune qui côtoyait Jésus, il y en avait quelques-uns dont la valeur était réelle, elle n'aurait pas voulu de la plupart pour nettoyer ses latrines. Elle respectait l'attirance spirituelle mais ne supportait pas qu'on se trompât sur les hommes. La preuve en était donnée. De tous ceux qui avaient accompagné le soi-disant Rabbi, aucun ne l'avait suivi sur le gibet. Ils étaient des êtres sans envergure, sans qualité morale, sans panache, sans courage. Le seul de la bande qui l'avait un tant soit peu intéressée était Thomas, parce qu'il avait très vite compris le ridicule de tout cet assemblage hétéroclite. Au moins, il avait une conscience et un esprit critique. Un prodige et trois belles paroles ne l'impressionnaient pas. Il lui en fallait davantage et davantage, c'était un grand patatras, un camouflet cinglant pour le donneur de leçon…

Thomas contemplait Rebecca. Sa fierté et son insoumission n'étaient jamais aussi prononcées que dans la phase de repos. Il aimait son caractère farouche, et sa violence sous-jacente ne l'avait jusqu'à présent jamais effrayé. Il se rappelait leur perpétuel petit jeu, ce plaisir de se piquer l'un l'autre persuadés qu'il n'y avait que cette façon de s'aimer vraiment. Et puis venait toujours l'instant précis où tout pouvait basculer, où chacun fourbissait ses armes, où chacun guettait l'erreur fatale de l'autre. Mais ils se connaissaient trop bien et avaient appris à s'arrêter à temps. Et pourtant il voyait bien qu'elle commençait à lui reprocher son attitude générale, et sa lassitude grandissait. Mais il se sentait encore le maître de leur petit jeu pervers. Il se rappela une de leur dernière conversation :

« Thomas, mon petit Thomas tu es si compliqué et tu ne sais pas aimer. C'est ton écueil majeur. Tu as tout pour toi, mais tu ne sais pas aimer car tu as peur de l'abandon, tu as peur de faire le grand saut, tu crains l'altérité. Ta beauté et ton intelligence ne te servent à rien.

— Tu parles comme le Rabbi !

— Ne me parle pas de lui. Tu sais que je n'aime pas que tu fréquentes ces gens-là. À force de ne pas m'écouter, tu finiras par me perdre. »

Il la regardait toujours avec un petit sourire. Il ne la croyait jamais quand elle en venait à ces sortes de menaces. Pour lui, ils étaient liés de toute éternité. Ils pouvaient ne pas se fréquenter pendant dix ans, il suffisait qu'ils se revissent l'espace d'un instant pour que tout reprît, pour qu'il fût comme au premier jour, sûr de leur amour et de leur passion, car pour lui, elle était son aimée et il était son aimé.

Mais lui aussi était peu à peu gagné par l'ennui. Sans doute étaient-ils arrivés au bout de leur histoire. Ce qu'ils avaient connu, peu l'avaient connu, sans doute…

Il la regarda encore avec tendresse mais elle ne daignait pas bouger. Alors il devait partir. Et puis il s'estimait coupable. Qu'était-il devenu ? Il se leva, prit ses affaires sans faire de bruit, s'habilla. Il avait presque quitté la chambre. Elle esquissa un geste dans son sommeil qu'il perçut comme une nouvelle invitation. Il hésita mais il se sentait de plus en plus mal. Il hésita pourtant. Elle était sans défense et soumise. Elle était prête à abdiquer, à lui donner ce qu'elle n'avait donné à personne d'autre. Comme un voleur, il s'engouffra vers l'effervescence et la multitude…

Barabbas

Il s'était fondu dans la foule. Le visage enfoui sous sa capuche, il espérait qu'on ne le reconnût pas. À la fin de la cérémonie, il irait voir les chefs des zélotes et leur conterait son grand projet fédérateur. Il s'était convaincu de la pertinence de ses arguments et de la qualité de son plan. Cependant, il n'était plus sûr de rien. Autrefois, tout aurait été facile. Aujourd'hui, il sentait que le doute s'était insinué en lui et commençait à faire son lent mais terrible travail de sape. Alors il fallait faire vite, vite avant que sa volonté fût par trop fissurée. Tout homme d'action sait qu'à un moment donné il est cerné par le renoncement. Pendant longtemps il avait repoussé ses limites. Et puis un jour, il comprit qu'il était arrivé au bout, qu'il ne pourrait pas aller plus loin. Tout lui parut vain, inutile, sans intérêt. Il ne rêvait plus que de dormir et de se fondre définitivement dans l'univers. Oui, il fallait faire vite.

Il se tenait devant eux à présent, mais les mots ne sortaient pas. Hier encore, il s'imaginait parvenir à les galvaniser facilement. Mais il était sans enthousiasme, sans conviction. Il récitait machinalement une leçon apprise depuis trop longtemps. Il en vint au moment crucial. C'était à lui et à lui seul de diriger le mouvement, d'être le grand fédérateur. Il y eut un long silence, un silence beaucoup trop long à son goût. Puis quelques rires étranges. Ce n'était pas vraiment des rires, c'était l'ironie juive la plus mordante qui déployait ses ailes.

— Toi ? Mais tu représentes qui, au juste ?

Barabbas ne broncha pas. Il avait encaissé le coup stoïquement. Il venait de comprendre.

— Et tu veux fédérer quoi ? Hier encore tu croupissais au cachot, on te destinait à la croix. Et maintenant, te voilà parti à la conquête du royaume de David et Salomon ?

Il s'était attendu à leurs réticences et à leurs sarcasmes. Mais il comprenait tout d'un coup que ces réticences et ces sarcasmes avaient les accents de la vérité.

Il sentait leur regard aigu posé sur lui. Il avait été sauvé de la crucifixion parce qu'il ne représentait plus rien.

Il espérait le secours du zélote, mais Simon l'avait abandonné comme les autres. Un effort de chacun et la liberté aurait été en marche. Mais ils avaient été rassasiés. Rome les avait calmés. Il était seul, complètement seul.

Simon avait aperçu Barabbas au loin, mais le flot de la foule l'avait empêché de le rattraper. Il l'avait encore aperçu une ou deux fois puis il avait été englouti. Les prières montaient d'un peu partout. Il entendait des bribes de conversations qui avaient trait aux événements de la veille. On racontait que des dizaines d'habitants avaient été ensevelis sous les décombres suite au tremblement de terre. D'autres assuraient que la secousse avait été minime et qu'on ne comptait que des dégâts sommaires. On murmurait à propos du crucifié. On disait qu'il avait appelé Élie à son secours. On murmurait, on murmurait et le brouhaha permanent scellait les paroles du sceau d'un secret impénétrable…

Et Simon sentait l'impuissance le gagner. Comment Barabbas s'en sortirait-il face à ses anciens camarades de lutte ? Il chercha à fendre la foule mais fut violemment repoussé par un ressac impitoyable.

Caïphe

— Israël, Israël, ne m'abandonne pas !

Le souverain sacrificateur terminait son office. Tout avait repris sa place. L'ordre du monde était à nouveau respecté. Les forces du mal et de la haine n'avaient pas prévalu sur la grandeur et la gloire du Temple. Il percevait néanmoins l'hostilité de la foule, toute cette plèbe qui reprochait à la caste de Sadoc ses privilèges et la gestion du lieu saint. Il en fut presque amusé. Tout était bien à sa place. La crise du petit matin n'était plus qu'un lointain souvenir. Maintenant que l'épreuve était surmontée, il eut le sentiment de s'être fait une montagne de pas grand-chose, que tout ça n'avait été qu'une pauvre comédie, une farce grossière où les peurs de petite enfance étaient remontées à la surface. À présent, il aurait l'estime de son oncle. Plus personne n'oserait contester son autorité. Hérode lui parlerait d'égal à égal et il deviendrait l'un des interlocuteurs privilégiés du préfet de Judée. Son pouvoir était assuré pour des années. Il avait montré ce qu'il en coûtait à ceux qui s'élevaient contre lui… Il était dans l'ivresse de la foule. Tous les regards étaient braqués sur lui. À cet instant, il était Israël, fils de David, descendant de tous les prophètes. À cet instant, il eut la sensation d'appartenir à la race des dieux et sa satisfaction en fut si intense que des larmes roulèrent sur ses joues. Il l'avait enfin, la reconnaissance ; ce qu'il avait recherché depuis tant d'années, il le possédait enfin… Caïphe, tu n'avais plus à baisser les yeux et à ramper comme l'insecte indigne. Tu t'étais enfin révélé à toi-même. Tu étais de la race des seigneurs…

Barabbas

Il avait réussi à s'extraire de la foule. Il ne s'expliquait pas cette chute vertigineuse. Il avait tutoyé des doigts son grand rêve et voilà que le masque hideux de son père était revenu le hanter et le punir. Il n'avait pas mérité cela. Il n'avait pas mérité cette punition. Il n'avait pas mérité que son espoir fût foulé aux pieds par une bande de révolutionnaires de pacotille. Il n'avait pas mérité qu'Israël le maltraitât de la sorte. Il s'était persuadé qu'il serait le grand libérateur et voilà qu'on s'était moqué de lui, qu'on l'avait raillé comme un vulgaire paysan.

Tout à ces pensées, il ne vit pas les deux hommes qui l'avaient suivi. Il entendit à peine quelques pas ; par un réflexe qui rappelait l'époque de sa splendeur, il eut juste le temps de se retourner mais ne put éviter le glaive qui s'enfonça dans son flanc. Ils étaient donc revenus juste pour cela, achever la bête malade…

— Pardonne-nous, frère, mais ton temps est venu. Un jour on contera tes exploits et les enfants voudront te ressembler…

Ils le laissèrent ainsi dans la ruelle. Pendant quelques secondes, il essaya de s'adosser au mur, puis il lâcha prise. C'était fini.

Il baignait dans son sang. Il contemplait le ciel, sa vie défilait devant ses yeux. On l'aurait vite oublié. Il n'avait pas trouvé le poète qui aurait pu conter son grand dessein. Il regardait le ciel et petit à petit il partait, et malgré la douleur, il se sentait bien, le ciel était plein de couleurs inconnues. La mort, c'était donc ça. Les couleurs qui se confondent et la peur qui s'abîme dans la lumière de l'Éternel.

Déjà un garde d'Hérode était sur place. Déjà les cris fusaient et les badauds accouraient. Déjà on l'avait reconnu. Mais lui n'entendait rien et se moquait de cette agitation. « Père, mère, je suis enfin de retour », souriait-il…

Simon le zélote

Simon s'était précipité. Les bruits les plus étranges circulaient, et puis la rumeur fut de plus en plus insistante. Tout le monde avait le nom de Barabbas à la bouche. Certains prétendaient qu'il avait été pris dans une rixe et qu'il était mort comme il le devait, d'autres qu'il s'agissait d'un règlement de compte avec les sicaires, d'autres encore que Rome lui avait rappelé que son sort avait été scellé depuis longtemps. Simon demeura immobile un long moment. Il n'avait pas voulu ressentir la fin tragique du Rabbi et voilà que la mort crapuleuse de Barabbas le renvoyait à tout ce qu'il avait voulu étouffer. Il fut pris de vomissements. Et dire qu'il se croyait le plus solide des hommes. Et dire qu'il croyait que son cœur était fermé aux larmes, aux gémissements des femmes et des enfants. Et cette année marquait la fin de tous ses espoirs. Il quitterait bientôt Jérusalem et, comme tant d'autres Juifs, irait peupler le monde et cultiver son désespoir, son errance, ses rêves en lambeaux... Ainsi ils avaient eu sa peau. Tout était donc perdu. Une à une, les figures de la contestation disparaissaient. Une à une, elle se faisait dévorer par l'ogre insatiable. L'Éternel avait choisi de punir son peuple.

Pierre

Pierre s'était endormi la bouche pleine de terre et de sang, tout recroquevillé sur lui-même. Ses mains étaient écorchées. Il crachait à présent. Il comprenait qu'il n'en aurait jamais fini avec sa douleur. Il se sentait affreusement sale, puant. Il fut pris par une nouvelle crise de larmes. Secoué de spasmes, il prenait la terre dans ses mains puis la jetait en l'air.

Le soleil affirmait de plus en plus sa puissance factice et son mensonge ancestral. Pierre était sale, puant et la vermine commençait à le titiller sérieusement. Il était sale, puant, traître et parjure parmi les parjures. Il entendait le brouhaha de la foule bigarrée, elle aussi sale, puante, traîtresse et parjure. Il pensa à sa femme et ce qu'elle lui dirait si elle le voyait ainsi. Elle le rappellerait à tous ses devoirs et à l'existence tranquille sur les bords de Tibériade : « Et voilà ce qu'il en coûte d'aller jouer les héros sur les routes menant à Jérusalem. »

Et la terre coulait entre ses doigts meurtris, un léger vent agita la ramure des oliviers. Malgré la honte, il trouva du charme à ce spectacle si simple et si vrai.

Le Rabbi aurait aimé cette journée, et il aurait béni ces oliviers. Mais aussitôt que cette image lui effleura l'esprit, il fut repris par la douleur et la douleur lui enseignait qu'elle était impitoyable avec ceux qu'elle avait choisis. Et n'était-ce pas la plus grande preuve de son amour, ne jamais laisser de répit à ceux qu'elle chérissait ? À son tour il eut envie de demander pourquoi le maître l'avait abandonné. Il l'avait vu faire tellement de choses extraordinaires, être tellement au-dessus du commun des mortels que sa fin en était inexplicable. Il ne pouvait croire qu'il leur avait menti : son cœur était pur. Mais se laisser piétiner, humilier, flétrir…

— Qui est-il ? avait crié la foule.

— C'est le prophète de Nazareth, celui qui fait des miracles, avait-on aussitôt répondu.

Et elle avait crié sa joie.

Déjà le soleil préparait sa vilénie et ricanait en secret de la prochaine déconfiture de la secte qui croyait conquérir Jérusalem.

Ils étaient montés vers la cité sainte à l'assaut du Temple et de l'histoire du peuple. Et le Temple et le peuple les avaient chassés. Maintenant ils étaient nus, indigents, presque morts. Le soleil saluait le triomphe de l'ordre dominant. N'était-ce pas le destin des pauvres : se battre contre l'impossible et l'inéluctable ? Il avait espéré le secours des pharisiens mais les pharisiens avaient scellé un pacte indigne avec les sadducéens, et lui, Pierre, qui n'était pas le plus intelligent du groupe, lui qui n'était à la base qu'un modeste pêcheur, comprenait pour la première fois les arcanes et le cynisme de la chose politique. Ils avaient eu la peau du Rabbi non à cause de ce qu'il professait mais parce qu'à terme, il constituait une menace. Ils ne voulaient pas d'un nouvel acteur dans le paysage de la politique juive. Ils voulaient rester entre eux, dans le marigot pestilentiel des rivalités ancestrales…

Pierre ne bougeait plus. Vivre, à quoi bon ? Végéter et se fossiliser, telle était l'unique perspective. Un homme peut vivre de milliers de rêves mais une brindille parvient à l'abattre. Le triomphe était la séduction et le piège tendu par Satan. Ils n'auraient pas dû y aller, mais aucun d'eux n'avait eu le courage ni la lucidité de résister à l'appel des vivats de Jérusalem.

Satan était partout. Le monde appartenait à Satan. L'Éternel lui avait donné tous les pouvoirs pour se jouer des créatures. Et le monstre s'en donnait à cœur joie. L'homme avait trop péché, il devait être brisé. L'Alliance, l'Éternel la regrettait.

C'était le temps de la malédiction. Jésus était un prophète et les prophètes sont toujours un très mauvais signe…

Il avait stoppé le cours de ses pensées. Voilà que Lazare se tenait devant lui. Il ne pensait pas le revoir de sitôt. Il pensait même ne jamais le revoir.

Pierre – Lazare

Comme toujours, chaque fois que Pierre était en sa présence, cette sensation de gêne s'imposait immanquablement. C'était le même sentiment que face à un grand malade, sauf que Lazare était bien portant. Il avait juste été tiré du tombeau par le maître. Aussi fantastique que fût ce prodige, il avait eu tendance à glacer l'assemblée. Jusqu'à ce moment, l'aventure s'était effectuée sur le mode de l'épopée. C'était irréel. On était galvanisé, porté par quelque chose d'indescriptible ; mais la résurrection de Lazare avait sonné la fin de la récréation. Chacun avait réalisé que tout cela était sérieux, très sérieux, trop sérieux. Beaucoup avaient déserté et au sein du cercle étroit des intimes, une inquiétude jusqu'alors inconnue était apparue. Ramener les morts à la vie, cela n'était pas normal. Cela dépassait tout ce qu'on avait connu. Aucun prophète à ce jour n'avait accompli un tel miracle. Tout le reste pouvait s'apparenter à des charismes exceptionnels, mais là, Lazare sentait déjà très mauvais. Il était attaqué par la vermine. Il se décomposait chaque minute un peu plus, et voilà qu'il leur avait été rendu comme à ses plus belles heures. Ce miracle leur avait flanqué la frousse, et pour la première fois ils avaient considéré Jésus.

Lazare était donc devant lui. Mais Pierre avait tant souffert ces dernières heures qu'il fut presque soulagé de pouvoir retrouver un visage ami. Il esquissa un léger sourire mais Lazare demeura imperturbable, comme il l'était depuis le jour de son retour parmi les vivants. Pierre se demanda s'il était au courant de son attitude de la veille. Peut-être avait-il eu vent de ses tergiversations et de son reniement. Mais comment aurait-il su ? Personne ne devait savoir de toute façon. Motus et bouche cousue. On ne devait se souvenir de lui que comme de celui qui avait brandi le glaive pour défendre le Rabbi. Lui, au moins, avait tenté quelque chose. Il était le seul. Les autres s'étaient défaussés. Et si on lui rappelait que, par la suite, il avait suivi la pente de ses camarades, il nierait. Il nierait tout.

Lazare regardait Pierre, et Pierre eut le sentiment qu'il ne le reconnaissait pas. Il hésita un instant avant de lui adresser la parole, ce silence entre eux commençait à devenir pesant.

— Mon frère, mon frère, que nous arrive-t-il ?

Mais Lazare se taisait toujours. Les oliviers continuaient d'être agités par cette brise légère qui dispersait un peu partout les terribles effluves de la ville.

À sa grande surprise, Lazare s'assit en face de lui. Pour être honnête, lui aussi, il faisait peine à voir. Il était à peu près aussi crasseux que son camarade, aussi laid, aussi triste mais avec un léger soupçon de mélancolie. Et voilà que Lazare se lança dans une confession haletante, pathétique, misérable. Il se déversait littéralement. Les vannes étaient ouvertes et toute sa détresse si longtemps contenue se promettait de submerger le pauvre Pierre.

— Personne ne m'aime, tu m'entends, Pierre ? Depuis que je suis revenu, je vois bien qu'on me considère comme une bête curieuse. Je ne vis pour rien. Je vis mais je suis déjà mort. Mes organes fonctionnent mais je ne compte pour personne. Mes sœurs continuent à voir le mourant d'avant, mes cousins baissent les yeux quand je me présente devant eux et tous mes amis m'ont fui. Le Rabbi ne m'a pas rendu la vie, il m'a livré à la punition et au retranchement. Y comprends-tu quelque chose ?

Il y eut un long silence. Pierre se gratta la tête. Sa bonne nature revenait. Il n'était jamais insensible à la peine d'autrui. C'était un affreux soupe au lait mais doté d'un cœur magnifique. Il eut une moue dubitative et s'apprêta à esquisser une piteuse explication, car la psychologie, malgré ses bonnes dispositions, n'était pas son talent premier. Mais Lazare ne lui en laissa pas le temps et reprit son monologue :

— Tu sais, Pierre… Je ne devrais pas te dire cela… Mais l'espace d'un instant… L'espace d'un instant, j'ai presque été heureux et soulagé de ce qu'on lui faisait.

Pierre frémit. Il fixa Lazare abasourdi. Il n'était pas certain d'avoir bien entendu. Son cœur se serra et ses bonnes dispositions s'envolèrent. Qu'est-ce que tout cela signifiait ? Il parlait de notre Rabbi, l'homme qui lui avait redonné une seconde chance.

— Oui, j'ai pensé cela, mon frère. Alors je suis parti. J'ai voulu disparaître et qu'on m'oublie pour toujours. J'ai laissé mes sœurs à leur chagrin et je me suis enfoncé dans la montagne. Les coups qu'il recevait, j'avais conscience de les lui avoir souhaités pour le punir de m'avoir redonné la vie. Je n'étais pas si mal dans la mort, tu sais. Je n'étais pas si mal dans la mort…

Pierre hésitait. Devait-il se lever et laisser ce fou à son délire ou bien fallait-il l'assommer une bonne fois pour toutes et le renvoyer dans son trou qu'il chérissait tant ?

— Je sais que ton jugement est sans appel, continua Lazare. Toi au moins, tu as cherché à le sauver. À tout jamais, tu es notre héros. Moi, je n'avais plus de forces. J'avais subi trop d'avanies. J'aurais pu être celui qui a trahi. Mais pour cela, il m'aurait fallu un aplomb que je n'ai pas. Toi, tu es dans la justice et dans la voie de l'Éternel. Moi, je ne sais plus où je suis.

Pierre reçut les paroles de Lazare en plein cœur. Il rougit. Lui aussi était sur le point de craquer et de révéler qu'il n'était pas le héros qu'on s'apprêtait à célébrer. Mais il se ravisa aussitôt, en pensant au visage que lui renverrait Lazare. Se taire, se taire, toujours se taire ! Ils avaient besoin d'un héros, et pourquoi ne pas être celui-là ? Eh oui, il avait bien pris son glaive et tranché l'oreille du serviteur de Caïphe. Quant à ses actes suivants, tout cela, c'était entre lui et sa conscience. Il avait tenté quelque chose et c'est le Rabbi qui l'en avait dissuadé. Non, il n'était pas fautif. Il avait failli être un héros et un martyr, mais Jésus n'avait pas voulu cela pour lui. Il regrettait d'ailleurs amèrement les injonctions du maître. Une bonne raclée et l'affaire aurait été réglée. Mais non, il avait fallu se soumettre et subir la défaite. En vérité, il aurait dû être ce héros. Il sentait, au plus profond de lui, l'appel des superbes coups d'éclat. S'il avait renié, ce n'était pas par lâcheté mais par désillusion, parce que le maître ne lui avait pas laissé accomplir son destin. Oui, c'était cela. Il n'était pas coupable, en réalité. Il avait renié parce qu'on lui avait interdit de défendre la cause. Alors il avait craché sur la cause comme tous les autres.

— Tu dois te demander pourquoi j'ai rebroussé chemin ?

À vrai dire, Pierre était tout à sa déculpabilisation. Il n'aurait jamais imaginé que Lazare fût l'homme qui parvînt à le libérer et aussi vite, qui plus est. D'un coup, il se trouvait à l'abri, revenu dans le cercle des humains. La tristesse et la douleur n'avaient pas disparu, loin de là. Mais il se sentait mieux. Il comprenait que, de tous, il était le seul qui avait témoigné un signe de fidélité au maître, et cela rachetait pleinement ses petits manquements suivants. Il trouvait l'existence incroyable. Il était sur le point de trouver un nouveau souffle.

— En fait, j'avais besoin de savoir. J'avais besoin de savoir si les autres avaient ressenti la même chose que moi et si c'est pour cela qu'ils avaient été dans l'incapacité d'agir.

Pierre ne l'écoutait plus. Le spectacle des oliviers battus par le vent lui redonnait foi dans la beauté de la Création. Il avait fait une grosse bêtise mais il n'était pas pire que les autres. C'était même le contraire. Il était coupable mais il avait des circonstances atténuantes. Le Rabbi lui avait interdit d'être un héros, et finalement… Il n'avait eu que ce qu'il méritait. Il ne put aller plus loin. Le vent avait beau battre les oliviers, les plier dans tous les sens, le soleil avait beau darder ses rayons puissants, et Lazare avait beau lui être entièrement sympathique, il avait atteint le point précis du non-retour, le jour où l'on concède que l'innocence ne compte plus, où l'on accepte qu'elle soit foulée aux pieds, où l'on entre dans un chacun pour soi conscient et imperturbable, où donner la mort ne fait plus peur mais constitue une motivation délectable. Il en était là. Il pouvait d'un trait effacer trois années de vie au nom de son aimable égoïsme et asséner à la face du monde que l'innocent n'avait après tout que ce qu'il méritait, qu'on n'avait pas à se culpabiliser pour son affreux châtiment, qu'il fallait vivre loin de toute cette douleur et que chacun n'était responsable que de lui-même, que l'autre n'était que l'autre, juste destiné à sa consommation. Oui, il en était là et ce constat lui fit froid dans le dos. « Arrière, arrière Satan », lui avait crié le maître, et il n'avait pas compris. Maintenant, il entrevoyait le monstre qui était tapi au plus profond de lui. Il percevait la force de la bête, et pour la première fois de sa vie il se sentit réellement en danger, sur le point d'être englouti, avalé par un ennemi qu'il avait sous-estimé.

Lazare n'avait pas remarqué le terrible combat qui se jouait en Pierre. Lui aussi contemplait le mystère de la nature. Il était revenu. Il en éprouvait une réelle satisfaction. Il devait bien l'admettre, pour la première fois depuis longtemps, il se sentait revivre. Il avait perdu l'amour et voilà qu'il apercevait la petite lumière de son enfance. Il pensa à ses sœurs et son cœur se serra d'une tendresse qu'il croyait ne plus jamais connaître. Il avait enfin avoué son désespoir. Il savait qu'il devrait porter un opprobre interminable mais tout cela était préférable à cette fuite infantile et stérile.

— Mon frère, je suis revenu parce que je voulais savoir. Je voulais savoir si j'appartenais toujours à la race.

Et Pierre suffoquait presque. Mais il se rattachait encore à cette volonté de ne rien lâcher. Il ne voulait pas qu'on sache. Il aurait dû être un héros. Voilà la vérité qu'il voulait faire entendre au monde, sa vérité. Je suis le héros dont Jésus n'a pas voulu, mais à moi tout seul je l'aurais sauvé, j'aurais mis en fuite ses ennemis, j'aurais gagné des milliers de Juifs à sa cause, car sa cause et la mienne ne font qu'une. Voilà ce qu'il voulait qu'on dise de lui. C'est le héros, le seul de la bande, le seul, et son parjure n'existe pas, n'existe plus, n'a jamais existé...

Jacques – Marie-Madeleine – André

Jacques et la Madeleine s'étaient fait happer et suivaient imperturbablement le lent mouvement vers le Temple. À chaque tassement on risquait d'être écrasé ou de mourir d'étouffement. Chaque pèlerinage avait son lot de blessés et de morts accidentelles. Mais Jacques et la Madeleine, fidèles à leur résignation, attendaient que l'Éternel eût décrété que le monde sombrât dans le chaos. Nul ne savait la date ni l'heure. Mais ils ne doutaient plus que le moment fatidique approchât. Les trompettes annonçant le triomphe des assassins avaient retenti la veille. Bientôt ce serait la curée. Le monde se teindrait de sang, de cris, de pleurs. Plus jamais la terre ne serait en paix. Seule la corruption aurait le droit de siéger. Elle serait le soutien des rois, des princes et de tous les puissants. Chaque homme naîtrait pour la chérir et l'adorer. Tous ceux qui s'y opposeraient seraient pourchassés et persécutés. Seul le vice aurait le privilège de jouir de la gloire. L'opprobre, il était pour les justes. Ainsi en avait décidé l'Éternel.

La foule gonflait de plus en plus. L'étroitesse des rues bondées rendait l'air quasi irrespirable. Les odeurs d'excréments se mélangeaient à la transpiration. La suffocation était proche. Déjà des femmes s'étaient évanouies. La milice d'Hérode et certains légionnaires essayaient tant bien que mal d'assurer un minimum d'ordre et de cohérence à cette déferlante indescriptible, mais tout ça ressemblait à une tentative désespérée, pathétique. Un de ces gestes merveilleusement inutiles où toute la finitude et l'impuissance de l'espèce transparaissaient...

La lente procession se consumait en des milliards de braises et les âmes n'avaient même plus la foi du cri. Les prophètes, les rois, les prêtres n'avaient servi qu'à retarder l'échéance, mais les Hébreux étaient condamnés depuis longtemps. L'Éternel avait regretté d'avoir épargné Noé. Maintenant, sa décision était irrévocable. L'ange exterminateur allait bientôt s'abattre sur le peuple d'Adonaï et répandre le sang. André avait senti le regard des légionnaires pétris de fatigue, d'exaspération et de haine rampante. Ils n'attendaient que le signal pour donner libre cours à leur ressentiment. Seul Jésus savait parler aux Romains. C'est pour ça que Pilate avait hésité. Était-il possible que celui-là aussi fût juif ? Il savait parler aux Romains, mais savoir parler aux Romains y compris au plus puissant d'entre eux ne servait à rien.

André fut bientôt décroché. Il perdit de vue Jacques et la Madeleine. Il ressentit les premiers frissons de la fièvre. Seul, toujours seul et abandonné, l'homme chemine depuis son premier jour. Seul et abandonné...

Il avait trébuché. Un Romain le soutint.

— Encore toi...

C'était le légionnaire de la veille. Celui-là même qui l'avait sauvé du lynchage.

— Je vais finir par croire que tu me poursuis, mon petit Juif. Tiens, bois ça. Moi, je me moque de votre shabbat et de vos dévotions imbéciles. Tout ça, ça se foutra sur la gueule tout à l'heure pour une affaire ridicule. Tu ne crois pas ?

André le regardait sans trop y croire. C'était la deuxième fois que ce garçon le sauvait. Il était comme une digue qui faisait rempart à la foule. Mais André n'osait rien lui dire. Le soldat avait barre sur lui. Son verbe le dominait. Sa bouche était remplie de blasphèmes, pourtant André n'était pas choqué par ces paroles. Un tel détachement, un tel plaisir cynique à contempler leur déchéance le fascinaient...

— Et dire qu'un mot de l'empereur suffirait à ramener cette chiennerie à son chenil, mais Rome a le cœur trop tendre ces temps-ci. Notre mansuétude nous perdra un de ses jours. Reprends donc ta place parmi les tiens, mon petit Juif. Tu n'es pas né pour t'extraire de ta race. Reprends donc ta place parmi les tiens.

André suffoquait. Les paroles du légionnaire possédaient le venin du cobra. Son rictus de dédain lui entrait dans le crâne pour le torturer et le poursuivre jusqu'à la fin des temps.

La Madeleine était tombée à genoux. Elle sanglotait. Elle venait de craquer. Elle ne dormait quasiment plus depuis trois jours. Elle craquait de toutes parts. Elle revoyait son visage si doux, cette ineffable compréhension qu'il avait immédiatement manifestée à son égard. Il avait su ne pas la juger. Elle, ce qu'elle voulait, c'était un peu d'amour, un peu de tendresse. Elle avait si peur de grandir et elle souffrait tant. Alors elle s'était réfugiée dans la défiance, l'insolence et l'impudicité, et allez savoir pourquoi, les hommes étaient comme des mouches à son endroit. Elle les magnétisait. Ils venaient s'abîmer et se consumer contre les secrets de ses lèvres impénétrables…

Les regards commençaient à se tourner vers elle. Jacques s'était précipité à ses côtés et tentait de donner le change, mais personne n'était dupe. Malgré son châle, on la reconnaissait. On savait qu'elle était la reine de la perdition, la seule rivale potentielle de la vénéneuse Salomé, celle qui avait obtenu la tête de Jean le Baptiste.

D'autres murmures parcouraient à présent la foule. Il s'était passé quelque chose de grave. Un homme venait d'être poignardé. « C'est celui qu'on a libéré hier » fusa d'un peu partout…

Jacques pensa immédiatement à une vengeance perpétrée par l'un de ses frères. Mais qui aurait eu assez de cran, d'audace pour effectuer un tel geste ? Qui, hormis Pierre l'introuvable ? Qui d'autre que lui aurait pu s'attaquer à Barabbas ? Voilà pourquoi Pierre n'avait pas cherché à retrouver André ni un autre de ses amis. Il avait décidé de finir avec panache. Lui seul était digne du maître, estima Jacques.

La rumeur s'amplifiait : elle était maintenant parvenue jusqu'aux oreilles d'André, et voilà que lui aussi eut le sentiment que son frère ne devait pas être étranger à cette affaire. Et si l'angoisse lui serrait les tripes, il éprouvait dans le même temps une sensation de plaisir et de réconfort. Il lui sembla qu'enfin un peu de justice teignait le ciel de Jérusalem et que cette vermine était à sa place. Il avait envie de crier que c'était son frère qui avait accompli ce coup d'éclat, son frère, celui qui avait tenu tête aux serviteurs du Temple et avait été prêt à mourir pour sauver Jésus de Nazareth. Il relevait enfin la tête.

C'est l'Éternel qui avait conclu la loi du talion. C'est l'Éternel qui leur faisait enfin signe, qui leur intimait l'ordre de se défendre coûte que coûte.

La foule oscillait entre surprise et grondement. On la sentait proche d'exploser, car pour beaucoup cela ne pouvait être que l'œuvre des Romains et de leurs alliés. « Oui, gronde, la foule », se disait intérieurement André. « Oui, gronde, et prépare-toi à bondir, à engloutir l'envahisseur et le parti des traîtres. » Et André qui n'avait jamais eu la fibre nationale chevillée au corps sentait grandir en lui l'amour de Canaan libre et retrouvé. Qu'au moins ce chien de Barabbas ait servi à quelque chose !

Les insultes fusaient contre le souverain sacrificateur et tous les sadducéens. La haine s'installait. On était au bord de l'émeute.

Simon le zélote

Le zélote, les yeux humides, regardait son cousin Moshe scander des slogans hostiles. Mais il n'était plus là. Avec Barabbas, sa dernière illusion venait de s'envoler. Il avait cru dans le verbe du séditieux. Il avait toujours voulu croire en un grand dessein. Mais le saint prophète et le rebelle avaient été anéantis par les ennemis de toujours. Moshe continuait de déverser un torrent d'insultes, bien que la partie fût perdue. Les Romains n'attendaient que le bon moment pour faire donner la troupe et les Juifs ne savaient plus faire la guerre ensemble. Rome avait su les diviser pour régner. Mais ce n'était pas Rome, c'était dans leur nature, dans la nature même de la Torah que de commenter et de commenter. Comment en vouloir à ce qui avait forgé et pétri la race et fait un jour la grandeur de Salomon ? Simon le zélote écoutait la colère qui montait irrésistiblement ; tout cela n'était que du théâtre. Bientôt tout rentrerait dans l'ordre. Il y aurait bien quelques révoltes sporadiques, mais rien qui n'eût pu ressembler à un prodigieux mouvement regroupant Jean le Baptiste, Barabbas et Jésus. Qui aurait pu résister à une telle force ? Même Rome aurait plié, même Rome aurait dû courber l'échine... Mais voilà, les Juifs, après avoir fui Pharaon, obtenu les faveurs de Cyrus, les Juifs étaient à présent en esclavage sur leur Terre promise.

Le visage déformé de Moshe lui inspira quelque chose qui ressemblait à la fin du monde.

« Hier l'Éternel aurait dû nous achever. Ne pas permettre que le soleil brille à nouveau, livrer les créatures aux entrailles de la terre. Mais le cataclysme, c'est presque une récompense, alors que dorénavant nous sommes voués à supporter notre bassesse, notre médiocrité, notre lâcheté en toute connaissance de cause. Nous ne comptons plus pour personne et personne n'aura envie de raconter notre histoire. »

Ils étaient à présent compressés. Les cris fusaient de partout. On entendait la garde d'Hérode menacer de lourdes représailles si le calme ne revenait pas. Les légionnaires voyaient tout ça de loin. On sentait que leur heure n'était pas encore venue, le moment où ils se décideraient à éradiquer tous ces braillards...

Barabbas

Les yeux de Barabbas étaient grands ouverts vers le ciel. On y lisait de la surprise, mais pas de colère. Il s'était vu mourir et il y avait comme un soulagement dans tout son corps. « Les hommes sont faits pour rêver, pas pour accomplir », voilà ce qu'il semblait dire, et son regard posé sur le soleil ne souffrait plus d'affronter l'incandescence. Il était beau et reposé. Peut-être avait-il enfin pardonné à son père ? Il reposait tranquille, dans une mare de sang.

Jacques – Marie-Madeleine

Les coups pleuvaient de partout. Jacques soutenait la Madeleine. Ils avaient manqué de peu d'être atteints par les bâtons et les verges. Les pèlerins couraient dans tous les sens. Ils étaient venus pour prier, mais la prière était un alibi et une hypocrisie. Ils ne savaient même pas pourquoi ils étaient venus, si ce n'est parce qu'on leur avait répété depuis tant d'années qu'il fallait venir, que leurs aïeux étaient venus et que tout bon Juif de par le monde devait venir.

Dans les rues étroites, les hommes marchaient sur les femmes et les femmes s'arrachaient les cheveux et les enfants pleuraient parce qu'on les avait abandonnés. La Madeleine s'était blottie contre Jacques. Elle était terrifiée. Plusieurs fois elle avait croisé des regards qu'elle connaissait et qui lui promettaient une vengeance implacable. Elle s'était blottie contre Jacques. Désormais c'était le temps de la haine et de la malédiction, l'heure tant redoutée du couteau où un de ses amants les plus ardents viendrait accomplir sa sinistre promesse. Combien en avait-elle punis ? Combien d'âmes avait-elle lacérées ? Elle ne se le rappelait plus exactement, et cependant, elle se souvenait de tous leurs visages, quand ils se croyaient des dieux, quand ils la tenaient entre leurs bras puissants, quand l'espace d'un instant la vie et la mort n'existaient plus et que le bonheur portait son nom. Elle se souvenait de tous leurs visages, et soudain elle décidait de les piquer horriblement, de leur infliger une douleur qu'ils ne pourraient oublier. Elle les voyait chavirer, tanguer, tenter de se raccrocher à n'importe quoi. Elle en éprouvait une jouissance indicible, un sentiment de plaisir mêlé à une souffrance extrême, et puis d'un coup il n'y avait plus rien. Tout ça lui apparaissait complètement dérisoire et vain. Elle regrettait ce qu'elle avait fait, mais elle était incapable de leur administrer le baume réparateur. Les menaces de lapidation n'avaient aucun effet sur elle. Ses victimes s'en rendaient compte et s'en trouvaient désemparées car ce qu'elles désiraient au plus haut point, c'était l'effet de miroir, la voir revêtir leur douleur, la voir gémir comme elles gémissaient, de nouveau la sentir en leur pouvoir… Mais la Madeleine ne leur donnait jamais cette satisfaction. Alors elles élaboraient toutes de savantes représailles, mais jamais elles ne parvenaient à se décider. Assassiner la Madeleine, c'était en partie se détruire et aucune n'en avait le courage. Au bout d'un moment, elles se soumettaient et c'était un peu la fin de l'enfance, du rêve et de la toute-puissance…

Jacques la soutenait. Son corps chaud l'excitait. L'attrait du danger le gagnait. On ne résistait pas à la Madeleine. Seuls Jésus ou Jean le Baptiste avaient pouvoir sur ces femmes-là. Jacques soutenait la Madeleine, et il se demandait à part lui s'il n'aurait pas dû la lâcher, la jeter au beau milieu du chemin et la voir se faire piétiner. Elle s'agrippait à lui, et malgré la violence qui sévissait tout autour d'eux, il avait envie de la serrer fort et de lui intimer l'ordre de l'aimer. « Aime-moi, aime-moi. Moi aussi je suis digne d'être possédé… moi aussi, mais non, il ne faut pas, il ne faut pas… » Et sa bouche se crispait. Ses mains étaient moites. L'occasion n'avait jamais été aussi belle pourtant. Longtemps il l'avait désirée. Tous l'avaient désirée. Et avec la Madeleine, c'était toujours une question d'occasion. Ceux qui savaient saisir leur chance au bon moment, ceux-là étaient toujours récompensés. Peu importe ce qu'il adviendrait par la suite, la bonne occasion lui tendait les bras. Tout son corps s'était tendu ; il lui avait pris la tête entre les deux mains, elle le regardait étrangement. Comme elle semblait fragile et innocente, comme ses yeux réclamaient la tendresse ! C'était l'appel de l'enfance, l'enfance et un amour éternel. Il la regardait, et les larmes affleuraient. Oui, c'est toujours ce que, au plus profond de lui, il avait souhaité. Comme il aurait voulu que le temps se figeât, que l'homme effaçât à tout jamais l'angoisse et le désenchantement.

« Seigneur que cette minute soit la seule qui compte, que mon âme s'évade et soit trimballée au gré des quatre vents et chante l'amour, la volupté, l'être aimé… » Et il eut le sentiment d'avoir enfin touché sa récompense…

La verge les avait cinglés tous les deux et ils avaient roulé à terre. Et maintenant c'était une avalanche terrible qui s'abattait sur les deux corps enlacés. Tandis que les coups pleuvaient, que leurs gémissements épousaient le sol, les insultes s'élevaient tout au-dessus d'eux. Les coups, toujours les coups, la punition…

— Encore un chien qui trompe sa femme avec une putain ! Prenez ça, maudits, et bientôt les pierres vous rappelleront au bon souvenir de la Loi !

Déjà un autre garde avait rejoint le premier bourreau et lui aussi avait méthodiquement flagellé leurs corps d'une dizaine de coups. Jacques tentait tant bien que mal de faire rempart, mais les hommes s'étaient mis à lui donner de violents coups de pieds, si bien qu'il avait offert la Madeleine au châtiment.

— Tu croyais pouvoir nous échapper ? Chienne et putain. Jamais de repos pour vous. Même pendant la Pâque on te voit faire tes manigances. Quand est-ce que le Seigneur nous délivrera de ton engeance ?

Ils la frappaient. Ils se vengeaient. La Loi, la communauté, l'ordre leur avaient donné les pleins pouvoirs. Ils la frappaient.

— Ça suffit ! Laissez-la !

Vanic avait saisi le bras d'un des gardes. Son air farouche et déterminé stoppa toute velléité de contestation chez le soldat. Il alla se pencher sur la Madeleine, la prit dans ses bras et la consola comme une enfant, comme s'il s'agissait de sa propre fille. Elle sanglotait, et tous les spectateurs de la scène avaient la gorge nouée. Une petite foule avait commencé à se rassembler autour de ce tableau improbable. Et voilà qu'on murmurait qu'il s'agissait de son nouvel amour, qu'elle faisait dorénavant dans les Romains, plus aucun Juif ne voulant d'elle ; d'autres affirmaient au contraire qu'on avait affaire à son amour de toujours, une très vieille histoire : un double chagrin pour la Madeleine, tombée éperdument amoureuse d'un homme qui la négligeait et qui, de plus, était un païen. La pauvre ne s'en était jamais remise et avait décidé de damner le genre humain. Jacques, le corps tout brûlé des coups qu'il avait reçus, ne savait plus trop quoi penser. Il la regardait, le visage enfoui dans la tunique du légionnaire, et il se dit qu'il n'avait rien vu de si beau et de si touchant.

Pendant ce temps, l'effervescence continuait de battre son plein. Des myriades de petits groupes s'étaient formées et comme des grappes grossissaient ou diminuaient suivant les informations contradictoires qui circulaient. Dans cette fourmilière, chacun jouait à se faire peur, et si personne n'espérait l'intervention de la garde, tous étaient surexcités à l'idée d'en découdre et de voir gicler le sang.

Au fond, ils avaient goûté la journée d'hier comme un ravissement. Avoir vu le préfet suivre l'avis de la foule et, un court instant, avoir senti l'unité recouvrée, tout cela leur avait fait pousser des ailes et donné l'envie de continuer cet enivrant jeu de cache-cache avec l'oppresseur. C'était la folle excitation inconsciente, destructrice, passionnelle, c'était le cri mortifère de la race, l'ultime rictus du désespoir avant l'hécatombe et l'anéantissement.

André avait vu de loin l'attroupement autour des deux formes battues. Immédiatement, il avait compris de quoi il retournait. Il en éprouva une satisfaction non dissimulée. Il haïssait la Madeleine. C'était pour lui une créature perfide qui prenait ses instructions de la bouche même du démon. Il n'avait jamais compris Jésus et sa volonté d'annexer à son groupe ces filles qui portaient la honte d'Israël. André ne croyait pas à son désir d'amendement. Pour lui, la nature perverse de cette femme était plus forte que tout. Elle était née pour séduire et détruire. Il fallait la fuir ou la mettre à mort.

Mais pour la première fois, il la voyait faible. Les sanglots de la femme perverse le transperçaient et avaient ouvert une brèche. Elle était donc humaine…

Quirinus – Pilate

Les informations n'avaient pas traîné. Quirinus avait été mis au courant que Barabbas était à l'agonie à quelques pas du Temple d'Hérode. Il prit la nouvelle avec satisfaction et commença à considérer que toute cette affaire lui avait donné une angoisse inutile. Mais aussitôt cette pensée formulée, il en vint à trouver que cela était justement un peu trop facile. Après tout, les informations qu'il avait étaient peut-être erronées. Barabbas n'était peut-être plus ce rebelle dangereux qu'il fallait mater à tout prix. Les séditieux vont si vite. On a beau décapiter leur organisation, il y a toujours une ramification qui a échappé à l'œil sagace de l'enquêteur. Barabbas était devenu trop encombrant et il avait connu les geôles romaines. Les zélotes devaient dorénavant se méfier de lui. Voilà pourquoi son élimination n'avait pas présenté de réelle difficulté. Il en était là de ses réflexions quand on lui annonça que le préfet était prêt à le recevoir. Quirinus se savait porteur de bonnes nouvelles mais il ne devait montrer aucun signe de triomphe à Pilate. Il fallait rester sur le qui-vive et maintenir la pression sur le gouverneur, sinon les Juifs auraient tôt fait de lancer de nouvelles manigances.

Pilate avait la mine des mauvais jours. Son sommeil avait dû être agité. Il promenait partout un regard assombri et lourd de détresse. Voir Quirinus ne l'apaisa pas, bien au contraire. Après l'épreuve du petit matin, il ne se sentait pas la force d'entendre un énième rapport sur le mécontentement des Juifs, leur volonté de fomenter des complots tous azimuts, leur récrimination religieuse. Lui, il voulait qu'on lui rendît Claudia, la Claudia des premiers temps, quand l'amour foisonnait partout entre eux, quand le souci n'existait pas ou seulement pour les autres, quand ils croyaient qu'ils ne vieilliraient jamais et que leur union avait revêtu le sceau de l'éternité.

Quirinus commença sa sempiternelle litanie. Il en vint au sujet crucial, celui qu'il avait réservé pour le coup de grâce, celui qui allait démontrer au procureur que Quirinus lui était totalement indispensable.

— Il est mort ! Nous avons réussi !

Pilate eut un brusque sursaut d'incrédulité. Qui était mort ? Ils recherchaient donc quelqu'un ? Sa surprise dut déconcerter Quirinus car il y eut un silence presque gêné entre eux.

— Oui, Votre Excellence, nous avons réussi. Il gît près du Temple, tué par ses propres hommes. C'est un triomphe pour nous !

Quirinus n'avait pu résister à montrer son contentement, ce qu'il regretta immédiatement. D'un coup, ses bonnes intentions venaient de s'envoler et il sentait que Pilate, qui passait sa journée assis bien sagement dans son palais, allait lui faire la leçon à lui, l'homme de terrain. Pilate tenta tant bien que mal de faire bonne figure. Il prit sa respiration et voulut se lancer comme à son habitude dans un discours plein de hauteur et de justesse pratique. Mais il sembla très vite que les mots avaient perdu sens pour lui. Tout lui résonnait dans la tête et formait un vacarme assourdissant. Il s'était réveillé au petit matin tout collant, et n'avait rien pu avaler. Les dattes dont il raffolait ainsi que le lait de chèvre lui avaient donné la nausée. Il s'était mis à faire les cent pas et à se parler tout seul. Plus précisément, il n'était pas seul. Il discutait avec une Claudia imaginaire. Il l'interrogeait et elle lui répondait. Elle lui expliquait ce qui n'allait pas, ce qui n'allait plus et ce qu'il fallait qu'il fît dorénavant. Lui, il se justifiait maladroitement. Alors il sentait son sourire se pencher sur lui et la regardait amoureusement. Comme il l'aimait, comme elle l'aimait malgré tous ses innombrables défauts ! De temps à autre, ils étaient dérangés. Mais c'était l'autre, la Claudia d'aujourd'hui qui surgissait, celle qui le considérait comme un étranger et ne lui parlait plus guère que de soucis d'intendance. Alors il se prenait la tête entre les mains en s'accablant de tous les maux, mais le sourire et la voix magique de l'enchanteresse revenaient, la voix merveilleuse qui guérit toutes les blessures et l'hyménée siégeait à nouveau dans son cœur, et l'hyménée…

— Il est donc mort ?

— Oui, Votre Excellence. Il baigne dans son sang. Ses anciens compagnons n'ont pas été difficiles à convaincre. Ils l'ont surpris alors qu'il sortait d'une rencontre avec les chefs du parti zélote. J'ai maintenu la surveillance auprès des principaux activistes. Il en est un qui m'inquiète plus que les autres. Un auquel Barabbas destinait un rôle particulier.

— Un rôle particulier ?

Pilate feignait un intérêt grandissant mais la perspective d'un nouveau complot ourdi par un nouvel ennemi de Rome l'accablait d'avance. Il se doutait bien que la plupart des Juifs souhaitaient mille morts aux Romains, mais aujourd'hui il ne voulait pas de toutes ces rébellions qui secouaient l'empire. Dès que Quirinus aurait terminé son laïus, il replongerait dans sa solitude et la voix de l'être aimé viendrait à nouveau le bercer, et à nouveau il pourrait croire que rien n'avait changé et que la mort n'existait pas.

— Oui, celui qui se fait appeler Simon le zélote et qui appartenait au groupe de Jésus le Nazaréen.

À l'évocation du nom de Jésus, tout le corps de Pilate s'était subitement tendu. Il fixait à présent droit dans les yeux Quirinus et attendait avec intérêt la suite. Quirinus sentit son importance et se félicita intérieurement de sa nouvelle trouvaille.

— Barabbas l'avait semble-t-il chargé d'une mission particulière, celle de faire la jonction de ses hommes avec les disciples du crucifié.

— Es-tu sûr de ce que tu affirmes ?

— Mes sources sont formelles. Ils se sont rencontrés et Barabbas a réussi à le rallier à sa cause. Ne vous avais-je pas dit que nous avions eu chaud ?

— Si Barabbas n'est plus, qu'avons-nous à craindre de lui ?

— Tout, Votre Excellence, tout. Sa jeunesse, le fait qu'il soit écouté dans tous les milieux et, pour finir, son désespoir. Il n'a plus rien à perdre. Il peut se révéler un adversaire coriace. Rien ne nous assure qu'il ne soit pas capable de ramener les Nazaréens à la cause nationale.

Pilate eut une moue dubitative et la journée passée se déroula devant ses yeux. Encore une fois il ne put se résoudre à comprendre quelle mouche avait piqué ce Jésus. Mais l'évocation du « roi des Juifs » éveilla chez lui une sourde colère. Pour la première fois sa mort trouva une incontestable justification. Après tout, il était tout de même la cause de ses malheurs. Depuis que Claudia s'était entichée de Jésus, plus rien n'allait dans leur couple. Il avait été le facteur déclenchant de sa disgrâce et ce n'est que maintenant que Pilate prenait conscience de la force de cet ennemi souterrain. Son regard devint mauvais et haineux. La perspective de lancer une proscription contre l'entourage du prophète ne lui parut plus une si mauvaise idée.

— A-t-on un moyen de tous les neutraliser ?

Quirinus fut sur le point de soupirer de contentement. Voilà que le préfet allait enfin dans son sens et qu'il comprenait pour de bon les enjeux d'une vraie politique romaine du maintien de l'ordre. Il n'était donc pas si dilettante que cela, ce brave Pilate. Il fallait trouver simplement son ressort intime. Et qui pouvait ignorer dans son entourage qu'il n'avait qu'une passion ?

— Difficile mais point impossible. Ils ont l'avantage d'être pour la plupart insignifiants, pourtant leur adhésion à Jésus les a rendus suspects aux yeux des autres Juifs. Ceux-là n'auront aucune peine à dénoncer des blasphémateurs. Mes informateurs sont sur le pied de guerre et je compte d'ici peu avoir suffisamment d'éléments pour tenter une intervention.

Oui, il fallait les châtier. Il fallait châtier tous ceux qui menaçaient son bonheur. Les disciples de Jésus étaient une menace à son bonheur. Que la main de Rome abatte ainsi sa colère et démontre une bonne fois sa puissance. Mais aussitôt que sa pensée vengeresse eut formé son dessein implacable, le visage douloureux et accusateur de Claudia vint le hanter : « Te voilà encore à persécuter des malheureux et des innocents ! Voilà donc ce que Rome a fait de toi. Quand je t'ai connu, tu étais doux, tu avais le sens des responsabilités, tu savais reconnaître ce qui est juste de ce qui ne l'est pas, et aujourd'hui tu es comme tous ces consuls et sénateurs assoiffés de gloire et de pouvoir. Tu es prêt à sacrifier ce que tu as de plus précieux. Tu sièges avec les monstres… »

— Je n'attends que vos ordres, en réalité, Votre Excellence, poursuivit Quirinus.

— Mes ordres…

Quirinus piaffait d'impatience. Il ne doutait plus de l'adhésion du préfet à son humeur policière. Il rêvait déjà de tous ces petits Juifs passés par le fil de l'épée ou suspendus à la croix comme leur maître.

— Il faut attendre.

Attendre ! Quirinus crut qu'il avait mal entendu et demanda au préfet de répéter.

— Il faut attendre qu'ils révèlent clairement leurs intentions. Après tout, ils n'ont fait que suivre un illuminé. Rien ne dit qu'ils ne vont pas rentrer tranquillement chez eux…

Quirinus s'était figé. Il avait le sentiment que les dieux se jouaient de lui et que Pilate était un fieffé coquin. Il le considéra durement. Non, les dieux n'y étaient pour rien. C'était juste une chiffe doublée d'un incapable. Comme pour la gestion du cas Barabbas, il devrait agir en secret, et tous les risques seraient pour lui si l'entreprise tournait court. Il était temps qu'on en finisse. Quirinus ne supportait plus cet air de chien battu qu'arborait le préfet. Toute la petite cour qui gravitait entre Jérusalem, Damas et Césarée connaissait les difficultés que le couple du gouverneur traversait. On expliquait ce désenchantement par l'éloignement de la capitale et la nostalgie du Latium. Beaucoup s'étonnaient toutefois de la probité de Pilate. Les mauvaises langues affirmaient qu'il s'agissait bien entendu d'un problème technique et qu'autrement, devant les dérobades de son épouse, voilà longtemps qu'il l'aurait répudiée et pris quelques exquises maîtresses. Tous s'accordaient sur le fait que Claudia s'était orientalisée, comme ils aimaient à plaisanter entre eux. Pour Pilate, on prévoyait un avenir sombre ; sans doute une disgrâce ou quelque chose de cet ordre. Malgré son côté débonnaire et l'intelligence avec laquelle il gérait les Hébreux, il n'était pas très populaire. On aurait souhaité quelqu'un qui s'accordât mieux avec le territoire, un homme qui possédât cette sauvagerie et cette âpreté propre à satisfaire les plus bas instincts.

Jean – Jacques – Marie – Marthe

Eux aussi, ils s'étaient dirigés vers le Temple. Le Temple, c'était leur ultime destination, leur dernier espoir, leur Terre promise. Marie, mère de Jésus, Marthe et Marie, sœurs de Lazare, Jean, dit le bien-aimé et son frère, Jacques. On aurait dit l'antique tribu de Juda affrontant le désert et les tourments. Autour d'eux, le silence se faisait. Leur deuil avait cloué les lèvres de la populace. C'était la beauté de la mort, son sourire, l'appel des profondeurs. Ils marchaient vers le Temple et sur eux planait l'ombre de l'innocence foudroyée.

Un homme cria à leur passage : « Nous aussi l'aimions ! »

« Alors pourquoi l'avons-nous tué ? » eut envie de rétorquer Jean. Mais il se tut. Aucune réponse ne pouvait alléger leur fardeau et consoler leur affliction. C'était un deuil atroce… Un jour, il faudrait reparler et raconter ce qu'ils avaient vécu. Un jour, quand tout cela serait presque oublié…

Marie, mère de Jésus, s'était emmitouflée dans son châle et la prière pour l'enfant qui n'était plus s'élevait au-dessus de Jérusalem.

— Ils sont tous drôlement courageux d'aller prier sous le commandement de celui qui les a persécutés.

Jacob était un pharisien convaincu. Il avait été intrigué par Jésus au début. Mais très vite il n'avait plus goûté ses extravagances et ses extravagances étaient devenues des provocations. Il regrettait pour la famille de Jésus, mais Jésus était allé trop loin, beaucoup trop loin…

— Ceux-là sont des Juifs comme on n'en fait plus. Hillel et Chamaï les auraient encensés, avait continué son voisin.

— À ton avis, de qui tiennent-ils le plus ?

— Moi, je penche pour Hillel.

— Et moi, pour Chamaï.

Et tandis que la dispute allait repartir de plus belle, le douloureux cortège avançait inlassablement, les pèlerins s'écartant. Bientôt il passa devant Philippe qui fut stupéfait de les voir ainsi, tous réunis. Il ne s'était pas attendu à les retrouver défiant la foule. Il était persuadé qu'ils s'étaient terrés en un endroit secret pour échapper aux gardes qu'Hérode avait lancés à leur trousse. Il regrettait de ne pas avoir rattrapé le vieillard. Il lui aurait menti. Il lui aurait seriné que Jésus s'en était allé en une contrée inconnue et que la petite bande jouait la comédie pour se protéger des sadducéens, des scribes et des pharisiens. Il lui aurait seriné ce pauvre mensonge piteux. Mais il n'en était rien. Jésus le Nazaréen, qui avait prêché selon la Torah et l'enseignement des prophètes, avait été crucifié. Il vint se ranger à leur côté et étoffer la psalmodie funéraire. Maintenant il fallait porter son deuil, accepter sa déchéance…

Thaddée

Thaddée était maintenant persuadé qu'il pourrait devenir le nouveau Philippidès mais que jamais plus il ne monterait dans le chariot d'un étranger, surtout un jour de shabbat. Jérusalem qui hier encore signifiait « malédiction », « injustice » et « désespoir », lui apparut comme son oasis, son salut, son repos. Dans son état, tout crasseux, couvert de plaies et d'ecchymoses, puant la transpiration et l'excrément, il n'était pas loin de ressembler à tous ceux qui cherchaient à se tremper dans la piscine de Bethesda.

Il pouvait voir le long fleuve qui serpentait tout autour de la ville, un fleuve chaotique qui venait de tout l'Empire romain et qui se jetait dans le Temple. Il sentit que la délivrance était pour bientôt, mais une peur soudaine vint l'envahir. Et s'il était comme Moïse ? Si l'Éternel lui refusait le retour à son berceau ? Combien de fois avait-il douté de la parole du Très-Haut ? Jérusalem était si proche… Il regarda tout autour de lui. Il avait le sentiment qu'on l'espionnait. L'image du fou suspendu aux pieds de Judas lui glaça le sang. Et s'il était là, à l'observer ?

Thomas

Il manqua d'être écrasé par un groupe dont l'humeur de ses membres n'était pas à la dévotion. Dans leur conversation, il put distinguer qu'il était question de Barabbas. Leur rire cynique annonçait que quelque chose de grave s'était passé. La puanteur était partout dans Jérusalem. Dans le visage de tous ceux qu'il croisait, il lisait une excitation et une angoisse malsaines. L'envie d'en découdre était inscrite dans leurs traits, et Thomas comprit que la journée d'hier ne les avait pas calmés. Très vite, il eut la sensation d'être un étranger au milieu d'eux, et une fulgurante oppression commença à l'enserrer. Il aurait voulu fuir, quitter cette ville qu'il ne supportait plus, mais comment faire ? Il était tellement coupable, il cumulait tellement de fautes et de péchés qu'il ne voulait à aucun prix rencontrer l'un de ses anciens compagnons. Si Jésus n'était pas mort, il aurait sans doute fait l'effort, mais il n'était pas un cynique. Il était Didyme l'orgueilleux, Didyme qui contestait la Torah, Didyme qu'on suspectait de pouvoir trahir. Mais il n'avait pas trahi.

Il voulut étancher sa soif dans l'une des fontaines publiques qu'avait apportées la colonisation romaine. Elle était surchargée de corps inertes vaincus par la fatigue. L'eau était souillée et Thomas fut certain que tout cela était l'œuvre des pharisiens qui ne voulaient pas que l'on s'abreuvât auprès d'une source non consacrée. Il pesta contre les pharisiens, mais immédiatement le souvenir de Rebecca vint le frapper durement : « Tu vois que tu ne changes pas et que le monde doit toujours être à tes pieds, lui répétait-elle souvent. En pleine fête, tu récrimines contre les prescriptions de la Torah. Bientôt tu voudras ériger tes propres commandements. Comment veux-tu qu'on t'aime, puisque tu n'es jamais prêt à faire des concessions et des sacrifices ? »

Cette discussion, il l'avait eue des centaines de fois et c'étaient des disputes à n'en plus finir. Jamais ils ne tombaient d'accord. Bien qu'il trouvât qu'elle avait le plus souvent raison, il y avait quelque chose qui le gênait dans son argumentation, un je ne sais quoi de trouble et d'insidieux qui l'inquiétait toujours. Elle avait raison, mais il semblait qu'elle n'avait pas pour but de le faire aller vers le vrai et le bien. À force, il s'était lassé de ce dialogue de sourds et s'était rendu compte que tout cela ne pourrait pas durer éternellement, qu'il faudrait bien un jour partir. Mais il n'avait pas été assez prompt. Il n'avait pas tué l'histoire alors c'est l'histoire qui le tuerait.

Il avait toutes les raisons de fuir. Oui, il allait partir, mais il devait bien quelque chose au Rabbi. C'était une de ces journées qui annonçaient les fortes chaleurs de l'été. Elle promettait sécheresse et écrasement. Elle était à l'image du peuple. La soif le titillait de plus en plus. Il fallait qu'il s'abreuvât et l'angoisse montait. Il avait peur d'être submergé, il avait peur de ne jamais s'en remettre. Il n'y avait que chez Rebecca qu'il se sentait fort. Il était peut-être encore temps… Il avait oublié sa soif, il n'était pas très loin de chez elle, mais il était à contre-courant de la foule, et dans les regards se peignait la désapprobation. Mais il faisait comme s'il ne les voyait pas et continuait de fendre le flot gigantesque. Il avançait tant bien que mal et bouchait ses oreilles à toutes les insultes qui pleuvaient. Il ne savait d'ailleurs pas si on lui reprochait d'abord ses contradictions religieuses ou l'embarras qu'il causait. Dans son repli, il n'avait pas remarqué la soldatesque d'Hérode qui trouvait son comportement bizarre. Déjà deux gardes chuchotaient entre eux et leur mine patibulaire ne présageait rien de bon. Mais il approchait de la porte salvatrice. Il était sûr qu'elle s'ouvrirait encore pour lui, que son temps n'était pas fini. Il tambourinait comme un fou, il était de retour et cette fois, il ferait tous les efforts nécessaires pour plaire à Rebecca. Tandis que son poing ne cessait de martyriser l'austère porte en bois, il fut saisi par le cou :

— On te tient, toi.

— Son visage ne m'est pas inconnu…

— Mais laissez-moi ! J'habite ici.

— Oh, doucement, doucement, on ne t'a pas demandé ton avis.

Et la foule commençait à chuchoter : « C'est l'un de ceux qui ont poignardé Barabbas ; il a le regard des traîtres ! Qu'on le lynche immédiatement ! » Mais la menace des lances la fit reculer. Alors qu'on s'apprêtait à emmener le prévenu, la fameuse porte s'ouvrit. Entre deux serviteurs parut la belle Rebecca.

— Rebecca ! lança Thomas.

Mais elle, superbe, continua sans un mouvement pour son ancien amant.

— Rebecca ! cria-t-il comme un affamé.

Un des gardes d'Hérode avait barré la route de la belle et se préparait à l'interroger durement, quand il fut forcé de baisser les yeux devant la fierté et l'acuité de son regard. Impressionné, il demanda si elle connaissait le prévenu comme celui-ci l'affirmait. Elle eut tout d'abord un petit sourire amusé, presque tendre, et puis, carnassière, elle lâcha :

— Lui ? Oui, je l'ai déjà vu traîner dans les environs, ce maraudeur. Si vous pouviez, toi et tes hommes, lui donner une bonne leçon et m'en débarrasser… Tu ferais une bonne action et le Seigneur t'en serait garant.

Le garde regarda Rebecca avec dévotion. Il fit signe aux autres de lier solidement le malandrin et de l'amener dans la ruelle qui courait le long de la grande maison. Ils le saisirent vigoureusement tandis que la foule, soudain figée, s'écartait au passage des gardes et de leur prisonnier haletant. Ils croisèrent Rebecca. Thomas lui adressa un regard d'incompréhension, désespéré et implorant. Les yeux de Rebecca brillaient comme jamais. Étaient-ce des larmes de plaisir ou de douleur ? Nul ne le savait. Ils emmenèrent Thomas à l'endroit précis du châtiment. Elle demeura un moment encore à les regarder, et puis, alors que les coups commencèrent à s'abattre, visage baissé, elle fendit la foule en direction du Temple. On ne savait pas si elle riait ou si elle pleurait. Mais dans sa démarche, on remarqua une imperceptible fêlure, quelque chose d'une souffrance inattendue. Elle marchait et les gémissements se perdaient dans le brouhaha de Jérusalem, plainte inaudible et anonyme parmi des milliers de plaintes inaudibles et anonymes.

Jean – Jacques – Marie – Marthe – Philippe

On les avait laissés avancer jusqu'à un certain point. Maintenant, ils appartenaient à la foule, et pourtant quelque chose les différenciait toujours. Ils apercevaient au loin les prêtres et l'immuable rituel en cours. Les gorges étaient nouées. Les premières larmes commencèrent à rouler. Jean et Jacques grimacèrent, et puis ce fut la cataracte générale.

Ceux qui ne les avaient pas remarqués les reconnurent : « C'est la famille du Rabbi, du saint qu'on a crucifié hier. » Ils les regardaient, et il y avait un peu de honte en eux, un soupçon de culpabilité. Mais ils n'y pouvaient rien. Pour la plupart, ils avaient suivi tout cela de loin. Le Rabbi n'était pas aussi célèbre que ses partisans l'auraient souhaité. Ils avaient suivi cela de loin et l'Éternel, comme pour Jean le Baptiste, en avait décidé ainsi. Ils compatissaient mais l'injustice était dans l'ordre des choses. Il fallait faire avec. Si seulement Adam n'avait pas péché…

Philippe aurait voulu que Nathanaël fût à ses côtés. Non, tout n'était pas fini. Il fallait qu'ils se serrassent les coudes. Sa place était parmi eux. Il ne fallait à aucun prix rompre le lien qui les unissait…

À son tour, il s'était lancé dans la récitation du psaume du grand roi poète. Et la prière, les larmes, les appels désespérés vers Adonaï, le roi poète les avait lui-même adressés à l'Éternel. Et l'Éternel un jour avait répondu au roi poète. Tous les justes s'étaient tus ? Non, il avait rencontré ce vieillard aveugle, et ce vieillard, qui n'était au courant de rien, faisait encore parti des petits et des innocents. Sa récitation redoubla et il lui sembla que son cœur s'embrasait. Comme il aurait voulu que Nathanaël fût à ses côtés… C'était sa place. C'était leur place à tous…

Lazare – Pierre

Lazare s'amusait à dessiner sur le sol. Son petit sourire mélancolique était empreint d'une nouvelle fraîcheur. Sa fêlure lui semblait moins lourde à porter. Il n'était pas à proprement parler libéré, mais il respirait à nouveau. C'était si bon.

— Tu te souviens de la façon dont il nous enseignait ? Cette façon qu'il avait d'utiliser la nature et les éléments, de leur conférer un sens magique…

Pierre n'écoutait plus Lazare. Pierre avait atteint le point de non-retour. Il n'avait plus qu'un pas à faire, un tout petit pas…

Mentir, c'est une chose, mais vivre dans le mensonge en est une autre. Et voilà que s'offrait à lui la reconnaissance, mais une reconnaissance frelatée, la gloire peut-être mais puisée à l'aune de la tricherie. Était-il sur le point d'entrer de plain-pied dans la carrière de la duplicité ? Il s'en sentait incapable, et pourtant revenir sur une histoire si avantageuse, si pleine de noblesse, si proche des exploits du roi David et des Macchabées, c'était presque du gâchis, c'était refuser ce que lui offraient la destinée, le monde.

Il en était là. Il allait faire ce pas, ce tout petit pas quand son attention se porta sur une silhouette qui dévalait la colline. Cette silhouette, il la reconnaissait. Comme elle avait l'air mal en point, comme sa démarche trahissait le découragement… Il avait bondi et courait à présent en sa direction aussi vite que ses grosses jambes le lui permettaient.

Lazare avait à peine eu le temps d'esquisser un geste et sans comprendre ce qui se passait, il vit Pierre qui gambadait comme un possédé. Il crut à un subit haut-le-cœur, sensation que beaucoup éprouvaient à son contact. Il en fut meurtri, et sa belle humeur commença à décliner. Et puis, à son tour, il aperçut la maigre silhouette titubant, proche de l'anéantissement…

Pierre était déjà arrivé à la hauteur de l'homme. Il l'avait empoigné, mis sur ses épaules, et voilà qu'il revenait tout rempli de vanité devant son énergie et sa force.

— C'est le pauvre Thaddée.

Lazare constata avec effroi que le pauvre Thaddée tenait plus du moribond qu'autre chose, et les mauvais souvenirs ressurgirent d'un coup.

Thaddée balbutia quelques mots incompréhensibles. Pierre se pencha et tenta de les lui faire répéter. Mais il n'eut qu'un signe de la main montrant le ciel pour réponse.

— Il faut l'emmener rapidement, insista Pierre.

Lazare comprit tout de suite ce qu'une telle injonction signifiait. Il fallait l'emmener chez ses sœurs, là où logeait Marie, mère du Rabbi, là où il aurait dû être. Sa bonne humeur avait complètement disparu. L'angoisse de les revoir tous, de devoir justifier sa colère contre le maître, d'assumer l'instant où il avait chéri les bourreaux, lui sembla insurmontable. Il avait pâli. Ses mains s'étaient tétanisées. Il n'avait plus la force d'avancer. Il était rendu à ses doutes, à cette sensation d'être revenu des morts pour amuser la galerie. Il eut un rictus de désespoir et fit un signe de dénégation à l'adresse de Pierre. Il n'y arriverait pas. Il ne saurait pas quoi leur dire. Il n'était pas question d'y aller, même si Thaddée était en danger. Il fallait trouver une autre solution. Il y avait bien une autre solution ; et puis les gardes devaient être autour de la maison. Y retourner, c'était foncer dans un guet-apens. C'était se livrer aux méchants et aux assassins. C'était souffrir encore et toujours…

Il s'apprêtait à les laisser là. Sa fuite était maintenant irréversible. Il en était désolé pour eux, mais ce courage, il ne l'avait plus. Il avait amorcé les premiers pas de côté quand il fut arrêté par un cri du blessé. Il s'était subitement redressé en pointant un doigt accusateur vers Lazare qui se pétrifia.

— Non, pas par là. C'est là-bas qu'il réside, c'est là-bas qu'il vit, l'homme qui chérit les pendus !

Pierre et Lazare furent glacés par son regard exorbité. C'étaient les yeux de l'homme qui a mangé avec le chef des esprits impurs. Tout s'était figé autour d'eux. Le vent n'était plus le vent. Les oliviers n'étaient plus les oliviers. Jérusalem n'était plus Jérusalem. Bientôt on crut entendre les grincements d'une roue qui se rapprochait. On eût dit qu'elle dévorait l'espace, le temps, l'univers. Ils n'avaient pas hésité. Ils l'avaient soulevé et, le soutenant, ils refluaient vers la cité sainte, vers le Temple, vers leurs frères...

Matthieu – Salvitius

Matthieu fut extrait violemment du réduit où il s'était caché. Apeuré, il s'était blotti au sol et poussait de faibles gémissements.

Il les craignait donc, les représailles. Il s'était cru libéré, mais il les avait toujours craintes, toujours redoutées. Il n'était qu'un modeste collecteur d'impôts. Il n'avait jamais fait de mal à une mouche.

— S'il vous plaît, ne faites rien à ma femme et mes enfants. S'il vous plaît...

— Qu'il est drôle. Regardez-moi ce trouillard, hé, hé...

Salvitius était victime d'une de ses crises récurrentes qui impressionnaient tant son entourage. Les deux légionnaires qui l'accompagnaient l'observaient avec anxieté. La fatigue accumulée lors de ces dernières heures les rendait nerveux et peu enclins à s'amuser des excentricités de l'espion.

— Tu croyais que je ne te trouverais pas ? Comme tu es sot ! Moi, je connais tous les publicains du pays. Je sais ce qu'ils mangent, quelle est leur famille, si ce sont de bons Juifs ou non ; je peux te donner les noms de ceux qui ne respectent pas le shabbat. Enfin, je sais où ils courent se cacher quand ils ont le sentiment d'avoir mal agi contre la Loi et contre Rome. Hi, hi !

— C'est pour Jésus… mais je le connaissais à peine. Je l'ai rencontré par hasard. Moi, je ne suis rien.

— Tu le connaissais à peine, mais suffisamment pour l'inviter à ta table au milieu de ta famille. Comme tu es drôle ! Et comme tu es malin ! Tu penses que je viens pour Jésus, alors que je ne viens pas du tout pour Jésus. Et si je ne viens pas pour Jésus, pour qui est-ce que je viens alors ?

Matthieu se taisait, et plus il se taisait, plus il sentait la fièvre de Salvitius empirer et menacer d'exploser.

— Je sens que tu vas me décevoir et je sens que le fouet va cingler ton dos de petit Juif. Alors, tu ne veux toujours pas me dire ce que je veux entendre ? Alors tant pis pour toi. Allez-y, rappelez-lui à qui il doit sa subsistance !

Les légionnaires s'emparèrent de deux courts martinets et commencèrent à flageller le malheureux qui se mit à gigoter frénétiquement.

— Pitié, pitié, je vous dirai tout ce que vous voulez savoir ! Pitié, pitié, moi, je ne suis rien ! Je vous dirai tout ce que vous voulez !

— Eh bien, je t'écoute.

Les coups avaient cessé et étaient suspendus aux improbables révélations de Matthieu, mais il hésitait car, en vérité, il n'avait strictement rien à révéler à Salvitius. Il n'était porteur d'aucun secret d'importance. Il n'était rien qu'un pauvre Juif qui un jour, au bureau de la douane, avait rencontré Jésus, et Jésus l'avait appelé et lui l'avait suivi parce qu'il n'en pouvait plus de sa fonction en Galilée et du mépris général. Il l'avait suivi et maintenant il était rattrapé par son passé. On allait lui faire payer cher d'avoir tenté d'échapper à sa condition.

— Pas décidé à desserrer les lèvres ? Mais c'est vrai que le fouet vous va si bien, à vous autres les Hébreux !

Il fit signe aux légionnaires et les coups repartirent de plus belle. Matthieu n'était plus maître de ses pensées. Il se croyait dans l'arène exposé aux regards de la populace païenne avide de cruauté. Il balbutia, marmonna des syllabes incompréhensibles, et le rire inquiétant de Salvitius déploya toute sa mesure, lui traversa tout le corps et le ramena à des siècles de servitude.

À l'agonie, il prononça des phrases décousues… « Jésus m'a vu et j'ai vu Jésus et Jésus avait l'éclat du soleil et ce jour-là je n'avais plus mal aux yeux… »

Salvitius s'était tu. Pour la première fois il considéra son prisonnier avec surprise. Il ne s'était pas attendu à cette réponse, parce qu'il ne voulait pas de cette réponse. Il voulait de l'humiliation et des noms balancés à la face de Phébus. Ce Matthieu était donc beaucoup plus coriace qu'il ne se l'était imaginé. Pourtant il aimait les coriaces, les adversaires difficiles à appréhender, les champions du contre-pied. Mais voilà que pour la première fois, il avait mal jugé une de ses proies. Il l'examina avec attention.

— Se pourrait-il qu'un insecte comme toi soit plus fort que Barabbas et tous ceux de sa clique ? Un publicain aurait ainsi pu bluffer Hérode, les prêtres, Pilate et jusqu'à Salvitius lui même.

Les deux légionnaires étaient, à l'instar de leur chef, déconcertés par son étonnant silence. Ils n'avaient jamais connu Salvitius autrement qu'avec ce continuel petit rire aigu, sadique, malveillant, et maintenant qu'il se taisait, ils le jugeaient encore plus inquiétant, plus sombre, plus proche de l'Hadès qu'auparavant…

Matthieu ne doutait plus de sa fin prochaine. D'une certaine façon, il préférait que cela se passât ainsi. À quoi lui servait-il de vivre caché ? Il était condamné de toute façon. Si les Romains l'épargnaient, il serait bientôt rattrapé par les sicaires, et eux ne connaîtraient pas de mansuétude. Ils seraient sans pitié avec le collaborateur. Ce serait l'heure des purges et des basses vengeances. Tel était le sort qu'on lui réservait. Il était bientôt temps que le Juif secouât le joug qui l'oppressait...

Un légionnaire vint apporter un message au chef de la section spéciale créée par Quirinus. Le visage de l'espion se couvrit d'un sourire mauvais :

— Qu'on les fasse venir !

Escorté par quatre légionnaires, Mordohaï et Josué pénétrèrent dans ce sordide réduit où Matthieu avait cru trouver refuge.

— Comme on se retrouve ! Regardez ce que Jérusalem renferme comme cafards. Celui-là s'était caché, pensant vous échapper. Ne le trouvez-vous pas exceptionnel ? Moi, je m'en délecte depuis une heure !

Mordohaï et Josué se regardèrent : Salvitius était complètement dérangé. Ils eurent un petit air entendu qui déplut au Romain. C'était un rictus de mépris et Salvitius détestait par-dessus tout qu'on se moquât de ses petits plaisirs et qu'on doutât de son génie. Il se promit, une fois réglé le compte des baptisés, de leur faire perdre leur suffisance.

— Maître, que nous demandes-tu au juste ?

— Est-ce que je demande quelque chose à l'âne ? glapit Salvitius. Non, ce que je sais, c'est que vous ne savez rien, sinon vous sauriez que ce qui est visible n'est pas visible, et que l'invisible n'est invisible que pour les sots.

Mordohaï se gratta la tête et éprouva les plus grandes difficultés à ne pas éclater de rire. Josué soupira et le même petit rictus qui avait déjà dépité Salvitius se peignit à nouveau sur sa figure d'assassin.

La mâchoire de Salvitius s'était crispée. Il cherchait tant bien que mal à donner le change. Mais sa contrariété ne cessait de grandir. Furibond, il cracha sur Matthieu...

— Ce que je veux, mon petit publicain, c'est notre ennemi déclaré ; celui qui a fait profession de nous détruire et de vous ramener à votre anarchie. Sans cela, j'irai vous cueillir comme des fruits mûrs et me délecterai de vos plaintes des nuits entières.

Matthieu lui adressa un regard étrange, ce qui dut, dans l'immédiat, le satisfaire. Il fit signe aux deux meurtriers d'accompagner le publicain et de le surveiller durant sa délicate mission. Mais tandis qu'ils s'éloignaient, qu'ils s'enfonçaient dans Jérusalem, Salvitius n'avait rien oublié de leur mine sarcastique. Ses yeux annonçaient des représailles terribles. Ses yeux ne voulaient plus les lâcher. Il aurait voulu entendre leur râle déchirer le ciel. Il ne remarqua pas le coup d'œil que s'adressèrent les deux légionnaires. Non, il était tout à sa vengeance indicible. Personne ne pouvait le berner et se moquer de lui. Non, personne. Mais lui aussi, son rêve commençait à l'écraser.

Jean – Jacques

Jacques et Jean avaient prié. Ils avaient respecté les règles ancestrales et les sept jours de la fête se confondaient avec les sept jours de deuil. Moïse était sorti du pays d'Égypte avec le peuple, et eux ils retournaient en esclavage avec le peuple.

Jean, Jacques, Marie, mère de Jésus, Marthe et Marie, tous avaient eu la satisfaction de retrouver Philippe, mais quelle ne fut pas leur allégresse de retrouver, devant la même porte où Jacques s'était présenté quelques heures plus tôt, le pauvre Thaddée, Pierre leur nouveau héros, et enfin celui que le Rabbi aimait au point de l'avoir ressuscité d'entre les morts. Ce fut un moment d'accalmie et de plénitude, une rémission. Mais bientôt, il fallut secourir Thaddée, écouter les rodomontades angoissées de Pierre et supporter le silence honteux du frère qui avait échappé au shéol.

La primitive excitation finit par retomber. Le souvenir de Jésus vint les hanter. Ils comprirent qu'ils s'étaient regroupés pour mieux s'offrir aux persécuteurs. Leur destin était donc scellé. Thaddée avait rejoint Lazare, et Jacques se mit à ressembler à ses deux compagnons et Pierre, lui aussi, se retrouva la langue coupée... Seules les femmes s'agitaient, seules les femmes y croyaient encore...

Vanic – Jacques, cousin du Rabbi – André

Vanic avait porté la Madeleine... On l'avait couchée, on l'avait soignée. Jacques, cousin du Rabbi, et André avaient suivi de loin le Romain, mais sans jamais oser contrarier sa marche salvatrice. Était-ce, comme le prétendait la foule, l'homme qui avait brisé le cœur de l'infréquentable ? Était-ce celui-là qui avait fait naître Lilith en elle ? Ou bien n'était-ce qu'une énième étape vers un nouveau malheur ? Et tandis qu'on l'avait couchée et qu'on la soignait, tandis que ce légionnaire s'en retournait dans sa garnison, il semblait évident que, malgré le repos qui lui aurait été nécessaire, et bien qu'elle eût prévu la perte des fils d'Adam, il semblait évident qu'il n'y aurait qu'elle pour avoir le courage d'aller embrasser la pierre qu'on avait roulée devant le tombeau...

Caïphe

Caïphe s'en était allé visiter le tétrarque. Hérode l'avait reçu avec une déférence toute nouvelle et les honneurs dus au vainqueur. Le souverain sacrificateur avait ainsi obtenu l'impensable, que la plus belle fille de toute la Judée dansât pour lui. Salomé s'était à nouveau offerte aux regards avides des hommes. Elle dansait, superbe, elle dansait et Caïphe, tout en étant effrayé par cette pensée, comprit qu'une telle danse valait bien la tête d'un prophète, quand bien même ce prophète serait le seul juste de la ville. Mais tout cela était un élixir bien trop puissant pour sa complexion. De nouveau il perdit l'esprit, cria des paroles incompréhensibles et désigna, terrifié, un point imaginaire entre deux colonnes. L'assemblée s'était tue et se délectait de ce divertissement inattendu. Le tétrarque poussa un petit soupir d'aise et, feignant la compassion, déclara que le démon qui torturait le grand prêtre était un démon puissant et insatiable. Pendant ce temps, Salomé dansait et, devant la vilenie et la paresse attablées, elle se disait qu'elle aurait tout de même bien dansé encore et encore pour le pauvre Jean le Baptiste, afin de lui donner le vertige, et lui rappeler qu'avant d'être des déserts, les déserts étaient des océans. Elle dansait mais il n'y avait plus de Salomon à séduire ni de tête à faire rouler en Israël. Il n'y avait plus que la descendance d'Hérode et la pestilence romaine. Elle dansait…

Livius

Livius entendait les plaintes de ses camarades qui maudissaient l'Hébreu et dont l'espoir de délivrance et d'un repos bien mérité était toujours reporté. Livius eut la certitude qu'il ne pourrait pas tenir indéfiniment, que sa haine était trop forte à présent, qu'il fallait qu'elle s'abattît sur les victimes désignées…

Mais sa haine avait mué… Les Hébreux, certes… Mais il y avait pire… Il y avait l'ennemi de l'intérieur… La voix qui s'élevait au sein de l'empire et qui maudissait Rome… Et sans cette voix, il n'aurait porté aucun intérêt aux Juifs… Il serait passé sans les remarquer… Non, c'est cette voix qu'il fallait faire taire, cette voix, avant tout, qu'il fallait punir… Cette voix ne connaîtrait pas une nouvelle lune.

Quirinus

Quirinus, au petit matin, décida de passer à l'action et d'éradiquer la menace insurrectionnelle une bonne fois pour toutes.

Il fit déployer une partie des légionnaires autour de la demeure de Lazare, Marthe et Marie… Il s'était convaincu que ceux-là étaient plus dangereux que tous les sicaires réunis. Il ne pouvait expliquer cette intuition. Peut-être voulait-il rattraper la conscience de Pilate, à moins qu'il ait compris qu'il n'est jamais bon de créer un martyr et de laisser des disciples dans l'impunité.

Aux mouvements de la foule, Marthe comprit que tout cela annonçait un nouveau malheur, qu'on venait les chercher.

— Ça y est, ils sont là ! Ils sont là ! Ils vont venir nous prendre !

Elle s'était engouffrée dans la demeure, avait insufflé la panique, et l'oxygène s'était raréfié. Il y eut le silence, la peur, les larmes. Certains se prirent la tête dans les mains.

— Adonaï, pitié, pitié, ne nous as-tu pas assez punis ?

Et Jean, dont on attendait les paroles… Ses paroles ne venaient pas. Il aurait dû leur dire de ne pas avoir peur, mais il avait tout donné la veille. Maintenant le silence, bientôt les questions insidieuses du Sanhédrin, la torture puis la mort… Pierre aurait bien voulu prendre un glaive, comme contre les serviteurs du grand prêtre, mais là il s'agissait de légionnaires, et contre des légionnaires entraînés et armés jusqu'aux dents, que pouvait-il faire ?

Jacques aurait bien voulu prouver qu'il n'était pas un lâche, comme on le suspectait, mais ses mains étaient moites, ses jambes s'entrechoquaient et ses pauvres poings semblaient bien dérisoires en face des lances des persécuteurs.

Et Lazare, n'était-il pas temps qu'il leur montrât à tous que la mort n'avait aucun ascendant sur lui, qu'elle ne l'impressionnait pas, qu'il l'avait déjà vaincue ? Mais le pauvre Lazare aurait voulu être ailleurs, car il n'était jamais sorti du deuil, du deuil de sa précédente existence, et les Romains, eux au moins, ne lui laisseraient pas une nouvelle chance.

Et Philippe, dont la haine hier encore paraissait irrépressible et qui maudissait tous les ennemis du Rabbi, ne devait-il pas se lever et leur crier de résister, de partir dignement ? Mais sa haine n'avait plus du tout l'air aussi farouche et avait un léger parfum d'impuissance.

Pouvait-on espérer un coup d'éclat du pauvre Thaddée, lui qui avait échappé aux forces obscures durant un soleil et une lune ? Non, le pauvre Thaddée avait bu l'eau du chef des esprits impurs, et l'épée de l'occupant était le malheur qu'il jugeait encore le moins cruel dans toute cette affaire.

Et les autres, on ne savait pas ce qu'ils étaient devenus ou plutôt on ne le savait que trop bien. Ils avaient fui. Ils s'étaient terrés afin d'échapper à la persécution. Ils les avaient abandonnés à leur triste sort.

Seules les femmes s'étaient crues prêtes à l'impossible, mais finalement l'impossible s'était montré intraitable. Leurs belles résolutions s'étaient dégonflées. Ce n'était plus qu'un triste théâtre où se mélangeaient la peur, l'hystérie, les sanglots, et enfin elles saisissaient qu'elles n'auraient pas la force d'aller embrasser la pierre qu'on avait roulée devant le tombeau. « Adonaï, Adonaï, pourquoi nous as-tu abandonnés ? »

Quirinus allait circonscrire la menace, mettre au pas toute cette populace infâme, et puis, une fois qu'elle aurait bien senti sa servitude, on s'attaquerait à l'engeance putride des sicaires. Il fallait enfin nettoyer le territoire et affirmer le pouvoir de Rome. Il le fallait, sous peine de montrer sa faiblesse. Il le fallait, afin que ce peuple ne rêvât jamais plus de liberté.

Vanic

Au petit matin, on avait fait donc activer la troupe qui s'était mise en faction non loin de la maison des terroristes et des séditieux. Mais Vanic trouvait toute cette agitation répugnante. Ce devait être le propre des puissants de s'amuser de la détresse des faibles…

Autour de lui grouillait le désespoir de milliers d'âmes, et à quoi jouaient les légions de César et leurs complices ? Torturer des malheureux. Tout cela était odieux et tout cela s'écroulerait bientôt. Mais le fluide vital de Vanic s'était tari et asséché. Il ne s'élèverait pas contre l'inacceptable. Il était fatigué. Il avait trop aimé. Il n'y avait plus rien à faire. L'humanité avait choisi la voie du chaos. Il fallait assassiner, encore et toujours.

Livius le regardait de côté. Sa haine s'était affinée. Elle avait trouvé son véritable ressort, celui qui offensait les dieux ; et les dieux lui demandaient expressément d'accomplir leur volonté et d'achever cette figure du désespoir et de la démission. Il se sentait prêt. Il accomplirait leur dessein.

Salvitius

Salvitius demeurait silencieux. Tout son esprit était tendu vers la résolution de ce nouveau mystère. Son visage témoignait du trouble qui l'avait saisi. Sa bouche se contractait convulsivement. Ses yeux n'arrêtaient plus de cligner. La réponse de ce publicain, qui s'ajoutait au rire à peine dissimulé de ces deux assassins, ne lui laissait plus de repos. Il avait toujours provoqué l'inquiétude et la peur, et voilà que, coup sur coup, trois subordonnés lui avaient clairement montré ce que personne n'avait encore osé. Et si Quirinus lui avait tendu un piège ? Il avait la désagréable impression d'être tenu à l'écart, qu'on lui enlevait son chef-d'œuvre ; c'est pourtant lui qui en avait la paternité. Ce cloporte de Quirinus n'avait fait que suivre le flux continu et la vivacité de son intelligence. Mais ces trois pauvres Juifs n'avaient pas eu peur, non. Sa tête bouillonnait de milliers de visages déformés par la douleur et l'abattement, tous ces visages qui avaient croisé sa route. Ils s'entrechoquaient et commençaient à lui donner une insupportable migraine. Et lui, qui avait passé sa vie d'insecte à piéger les hommes, eut pour la première fois la sensation que le contrôle lui échappait et que c'était à lui qu'on destinait la cage. Il ne pouvait croire que ce balourd de Quirinus eût pu lui damer le pion. Mais qui alors avait eu la force, l'audace de jouer contre lui ? Qui était cet adversaire secret, cet adversaire qu'il n'avait pas su détecter ?

À présent, il en était sûr, les deux légionnaires le guettaient. Ils avaient mission de l'envoyer dans l'Hadès. Mais qui donc avait pu le supplanter ? « Qui est-il cet être invisible car moi, Salvitius, je sens tous les êtres qui respirent ici-bas. »

Les deux légionnaires s'étaient approchés et Salvitius avait reculé. Il les cherchait du regard mais eux refusaient tout contact avec lui. Tout ça n'avait aucun sens. Grâce à lui, Barabbas n'était plus, les Nazaréens auraient bientôt rejoint leur chef, et les zélotes continueraient de faire la révolution dans leur sépulcre. Non, tout ça n'avait aucun sens…

Les deux légionnaires se rapprochaient irrémédiablement. Déjà ils avaient porté la main à leur glaive. Le soleil se moquait des hommes et de leurs rêves. La vermine attendait Salvitius…

Marie-Madeleine

La Madeleine n'avait pu tenir longtemps dans cette couche trop bienveillante pour elle. Le mélancolique légionnaire l'avait conduite dans cette demeure non juive. Et après le réconfort, elle avait éprouvé une tristesse indescriptible. Et le mélancolique légionnaire, l'avait-elle vraiment connu ? Et si elle l'avait vraiment connu, est-ce que cela comptait ? Et maintenant qu'ils étaient réconciliés, tout cela avait-il encore une importance ? À présent il pourrait enfin mourir en paix, et le passé ne pourrait plus jamais être l'avenir. Elle pleura comme il y eut de cela des années, elle pleura. Elle était faite pour pleurer. Mais qui serait là pour embrasser la pierre qu'on avait roulée devant le tombeau ? Elle voulait être la première. Elle voulait croire que son ancienne vie ne la reprendrait pas, que sa nouvelle chance n'était pas passée. Voilà des myriades de lune qu'elle n'avait pas autant désiré quelque chose. Alors que la nuit régnait encore, elle s'était habillée rapidement, avait échappé à la surveillance de ses hôtes et, pleine de fièvre, s'était précipitée à l'endroit où reposait l'homme qu'elle avait un jour nommé Seigneur…

Matthieu

Tout s'accélérait autour de Matthieu. Devant le déploiement des hommes en armes, il avait dû stopper sa marche. Il se demanda quel rôle on voulait lui faire jouer. Le Romain avait clairement menacé de s'en prendre à sa famille s'il n'obtenait pas les renseignements qui permettraient l'arrestation du zélote. Mais les envahisseurs avaient vraisemblablement changé leur plan, ou bien on avait déjà découvert le zélote avant lui.

La foule commençait à se masser et les bruits les plus contradictoires circulaient. On affirmait qu'on avait arrêté de dangereux terroristes, et cependant d'autres proclamaient qu'on voulait un exemple et que Rome avait localisé les assassins de Barabbas. Mais la rumeur la plus persistante annonçait la prochaine mise dans les fers de la famille du Nazaréen. Matthieu frissonna. En un éclair, il eut la vision de tous ses amis crucifiés ou déportés. Il vit surtout sa femme et ses enfants touchés par la persécution. Il tomba à genoux et s'effondra.

— Tout est fini, fini. Je suis maudit.

Il se répandait et la foule commençait à se détourner et à se moquer de lui. Il y en eut même qui interpellèrent les gardes pour leur signaler cette pleureuse interlope. Les gardes, dans un premier temps, ne bougèrent pas ; et puis devant l'insistance de cette foule à nouveau excitée par la promesse du sang, ils finirent par s'intéresser à cette pleureuse interlope qui se nommait Matthieu, qui était publicain et qui, par-dessus le marché, avait suivi celui qui se faisait appeler « roi des Juifs ».

Vanic considéra toute cette agitation avec dégoût et la perspective d'une nouvelle injustice l'accabla. Il savait qu'il ne pourrait pas faire grand-chose pour les habitants de la maisonnée, mais pour celui-là qui s'abandonnait à l'exécration de la populace, il était peut-être encore temps. Il s'approcha...

À quelques pas de là, Livius n'avait cessé d'observer le légionnaire Vanic et la certitude d'avoir affaire à un traître ne faisait maintenant plus l'ombre d'un doute. Profitant de la confusion qui régnait, il s'était lui aussi rapproché du groupe qui tentait de mettre au clair cette nouvelle lamentation. Livius n'attendait plus que le moment opportun pour rendre sa dignité aux légions de César. « Tu ne le sais pas mais je ne te raterai pas, maudit, je ne te raterai pas... »

La maison

À l'intérieur, l'atmosphère était irrespirable. Philippe était planté à la fenêtre et commentait les mouvements des gardes. Les femmes pleuraient puis se taisaient, et le silence devenait pire que les plaintes. Jean se rappelait ses belles dispositions, et comment elles venaient de voler en éclat au contact de l'armée romaine. En son for intérieur, il savait que finir ainsi était sans doute la plus noble manière de suivre le maître. Mais aucun d'entre eux n'avait véritablement envie de mourir. Tout était allé trop vite. Le triomphe puis la chute vertigineuse. Que faire, que dire ? Jésus était mort, mais il les avait toujours préservés. Tout leur était tombé dessus sans crier gare. Comme des voyageurs dans le désert surpris par la tempête, ils n'avaient pas eu le temps de se protéger et de se mettre à l'abri... Ils s'étaient vus en héros, mais l'héroïsme leur avait glissé entre les doigts, telle une anguille, et leurs mains étaient poisseuses...

Jacques fixait anxieusement son frère. Il espérait encore que les mots lui viendraient naturellement. Mais rien ne voulait sortir. « Où est passé ton ascendant, Jean, dit le bien-aimé ? Où est passée la force qui t'habitait ? »

De son côté, Marthe n'avait pas résisté. Alors elle avait déversé son sac de malheurs sur la communauté, et ce qu'ils avaient refusé d'entendre, ils le prenaient à présent en plein visage. Les insultes pleuvaient mêlées aux souvenirs. Aucun des hommes n'osaient répliquer, Lazare, en particulier. Surtout pas lui, car s'il y en avait bien un contre lequel cette exaspération était tournée, c'était lui. Lui qu'on avait dû sauver, lui qu'on aurait dû laisser, lui qui les avait forcés à demander l'impossible, lui qui les avait obligés à déménager, à gagner cette place maudite, impure, lui... Marthe finit par se taire, et son sanglot s'échappait vers le soleil hilare, si heureux de la farce qu'il jouait.

Seule Marie, mère de Jésus, aurait pu la faire taire. Mais elle avait écouté les plaintes sans sourciller. Elle avait écouté, et qu'avait-elle à leur dire qu'ils ne sachent déjà ? L'histoire du peuple, ils la connaissaient aussi bien qu'elle ; mais elle, elle était tout à son chagrin, tout à son fils perdu, et aucun Romain, aucun Juif stipendié par Rome, aucun serviteur du tétrarque, aucun chef des scribes, aucun pharisien, ne la ferait sortir du deuil.

Dans les ruelles, la situation manquait de dégénérer. Quirinus avait fait donner ses ordres, mais la troupe était sur le point de se faire submerger par le flot des pèlerins. Les bousculades d'hier ne constituaient qu'un avant-goût pour elle. L'angoisse se lisait sur la face des légionnaires. Cette fois, les gardes du tétrarque se tenaient à distance du débit continu et menaçant. On racontait qu'il y avait beaucoup de femmes dans la maison, et la foule grondait sa désapprobation.

Bien entendu, il aurait fallu agir au petit matin. Plus le soleil étendait son règne, plus le risque de l'émeute augmentait. Les cris et les slogans commençaient à fuser.

— Vous avez eu ce que vous vouliez ! Laissez-les en paix pendant le deuil, bande d'assassins !

Ainsi la foule, dans sa nature versatile, se retournait contre les forces d'occupation.

Pilate – Claudia

Bientôt Pilate eut vent qu'on avait désobéi à ses ordres, et ce qu'il craignait le plus était sur le point de se réaliser.

De nouveau Claudia se trouvait devant lui, et ses yeux respiraient la colère, l'envie d'en découdre, le bannissement définitif. Il était prêt à rompre, à s'enfoncer dans la nuit. Elle refuserait d'écouter ses dénégations, lui qui se prétendait être à la tête de milliers d'âmes soumises. Elle ne croirait pas ses piteuses excuses. Il était condamné avant même d'avoir ouvert la bouche. Elle en avait décidé ainsi et sa volonté était souveraine.

Elle le fixait, et à force, il avait dû baisser la tête, vaincu. Il aurait voulu rentrer sous terre et se cacher. Il aurait voulu lui montrer qu'il n'était pas celui qu'elle croyait. Mais son réquisitoire était impitoyable. Le procès de Jésus s'imposa d'un coup à sa mémoire. D'entrée de jeu, il avait su comment cela finirait. Il se l'était caché. Il avait voulu préserver les apparences, maintenir les faux-semblants, faire croire à l'univers et aux dieux qu'il était un procureur juste et impartial. Mais quelles étaient les chances réelles de Jésus d'échapper à sa mauvaise fortune ? Un rire cruel résonna dans sa tête. « Jésus n'avait pas posé un pied sur la dalle du palais que déjà tu savais que tu l'offrirais en pâture à la foule. » Claudia l'avait percé à jour. Oui, il était comme tous ceux qui le toisaient à Rome. Ses principes étaient la loi du plus fort et l'intérêt du moment. Ses principes étaient l'ambition et la gloire. Ses principes… du vent, des pleurs, des grincements de dents.

Jacques – André

Quand le légionnaire avait secouru la Madeleine, André avait retrouvé Jacques et Jacques avait retrouvé André. De concert et d'assez loin, ils avaient suivi le légionnaire et la pauvre affligée. L'un comme l'autre assistaient à ce spectacle avec le douloureux sentiment d'être de trop, que les arcanes de cette histoire leur seraient à jamais interdites. Ils les avaient vus pénétrer dans cette demeure non juive, et ce qui s'était passé entre eux par la suite, nul ne le savait. Quelque temps après, le légionnaire était ressorti. Rien ne transparaissait dans son attitude si ce n'est cette perpétuelle mélancolie. Était-ce possible que la Madeleine eût un jour connu cet homme ? Tandis qu'il s'approchait, ils se cachèrent afin de mieux l'observer. Et leur cœur se serra à son passage, et menaça d'éclater. Tout d'abord, ils en conçurent de la honte parce que cette tristesse, chez un Romain, chez un persécuteur, rimait avec indécence. Mais cet homme était sans terre et sans patrie. Il ressemblait à un Hébreu dans l'errance, mais un Hébreu privé de Moïse et de l'espoir de la

Terre promise. Il était presque un Juif. Il était presque un frère, mais il ne serait jamais un Juif et jamais leur frère. Leur cœur se serra et menaça d'imploser.

Si Jésus l'avait connu, Jésus aurait pu pleurer pour lui sans peur. Mais eux, ils étaient trop fragiles. Il fallait qu'ils se protègent. Ils avaient déjà trop souffert, et le fardeau de cet homme était bien trop imposant pour leurs frêles épaules.

Et qu'allait devenir la Madeleine ? Combien de temps resterait-elle au sein de cette demeure non juive ? Et eux, devaient-ils rester ainsi en faction ou chercher à retrouver leurs amis ? Après tout, elle était en sécurité où elle était. Ils ne pouvaient plus lui être d'aucun secours, et pour elle, il était préférable en ces temps troublés qu'elle fût retranchée des hommes. Ils jetèrent un dernier coup d'œil, et puis se rapatrièrent vers le fleuve humain qui défiait le Jourdain.

Simon le zélote

Barabbas n'était plus. Jésus n'était plus... Israël ne serait bientôt plus. Simon le zélote avait enterré ses illusions. Malgré l'insistance de son cousin Moshé, il n'avait pas rejoint le groupe des comploteurs qui s'étaient rassemblés là-haut dans la montagne. À quoi bon tous ces discours sur la libération de Canaan ? Tout cela le faisait vomir. Il n'avait plus que du dégoût pour toutes les simagrées du peuple vaincu. Tout Israël portait témoignage contre l'Alliance. Il eût mieux valu n'avoir jamais été circoncis... Chaque fois il avait misé sur le mauvais cheval et c'était bien fait pour lui. Qui pouvait décemment croire en un Galiléen ? Et un assassin ne devait-il pas finir dans une ruelle sordide ? Toute sa misérable existence, il l'avait bâtie sur un mensonge. Simon avait construit sur du sable, et le sable était en train de l'ensevelir, de s'immiscer dans ses poumons, de le ramener à la terre originelle.

Ces Juifs qui couraient en tous sens, effarés, comme s'il s'agissait d'un jeu, ces Juifs appartenaient au sable, à la terre originelle. Ils se mélangeaient, se perdaient, se retrouvaient et se perdaient à nouveau. La conscience ne leur importait que peu, en vérité. C'étaient l'ivresse, la frénésie, la dissolution et l'éparpillement qu'ils désiraient. Le trésor que leur avait offert Moïse, ils l'avaient galvaudé ; l'héritage, ils l'avaient dépensé en vaine querelle. Et maintenant, le loup n'attendait que son bon vouloir pour lancer sa férocité.

Il était né sable et il retournerait sable.

Néanmoins il faudrait faire une action d'éclat. Non, la colère n'était pas totalement morte en lui. Le sang et le râle de Pilate inondèrent son esprit. Sa résolution était prise. Il serait la main qui forcerait le loup à sortir les griffes et à montrer les crocs. Et tant pis pour Canaan… Tant pis.

Il avait beaucoup marché et la nervosité des légionnaires l'avait alerté d'une action imminente de la garnison. On voyait qu'ils avaient reçu des ordres précis mais qu'ils n'étaient pas très sûrs de leur coup, qu'ils doutaient, et Simon se demanda ce qui pouvait faire douter cette armée qui avait le pouvoir de les réduire en poussière. Les légionnaires avaient l'œil des mauvais jours et des missions peu honnêtes. Son expérience lui indiquait qu'ils redoutaient d'être débordés. Cette opération avait dû être improvisée dans l'urgence et chacun se rendait compte qu'en pleine fête juive, les affaires de basse police étaient malvenues. Mais quel était donc cet ennemi qu'il fallait abattre et qui leur faisait presque claquer des dents ? Les chocs émotionnels des dernières heures lui avaient probablement fait perdre la lucidité nécessaire pour saisir l'évidence.

Alors qu'il croisait tous ces corps enchevêtrés, pour la première fois il eut la désagréable sensation que tout le monde le regardait, que cette légion aux abois s'était enfin trouvé une nouvelle menace, un nouveau monstre à combattre, et qu'elle avait mis en garde la populace contre cet ennemi déclaré. Et tout animal solitaire sait quand on le traque, quand les chasseurs s'apprêtent à le rabattre pendant des jours et des jours. L'animal solitaire le sait. Et il sait que son temps est compté, que les assassins auront ce pour quoi ils sont venus ; mais au lieu de se rendre, dans un ultime réflexe de liberté, il tente de leur échapper. Dans le regard de ses frères il lit qu'il est la nouvelle proie, le nouveau trophée qu'on voudrait ajouter à la longue série offerte aux molochs romains. Et le soleil devient pour de bon son ennemi. Il se sait condamné à l'anonymat et à l'obscurité, à vivre de cachette en cachette en se méfiant de tout le monde, une vie de réclusion. L'esprit de Barabbas finit de le convertir. L'esprit de résistance n'est pas définitivement défait en Canaan. Rome ne se trompe jamais quand il s'agit de choisir ses adversaires…

Nathanaël – Benjamin – Sarah

Un voisin avait toqué comme affolé à la porte de Benjamin et de Sarah. Devant leur visage incrédule, il leur avait désigné la troupe et la direction qu'elle prenait. Il avait alors aperçu, dans un coin reculé, Nathanaël perdu dans son mutisme, et avait marqué un temps d'arrêt. Il était donc possible que la garde vînt par ici sous peu, et son geste, il allait finir par le regretter : on le commenterait comme un acte de complicité ; et lui aussi on le mettrait bientôt dans les fers ou sur une croix. Déjà son visage exprimait le retranchement et la dénégation. Déjà l'ennemi qui était tapi au plus profond de lui avait surgi et affirmait sa puissance. Benjamin toucha l'épaule de Nathanaël, et cette main qui, autrefois, aurait menacé de l'étrangler, lui apporta une chaleur ignorée.

— S'ils étaient venus pour nous, crois-tu qu'ils t'auraient laissé le temps de nous prévenir ?

Et devant cette évidence, l'homme demeura interdit.

— Contemple le soleil. N'oublie jamais que dans notre histoire, pour des générations, il fut tout à la fois une punition et une espérance. N'oublie jamais.

— Tu parles comme celui qui est mort et qui a fait des miracles. Tu parles comme un roi.

Et il tomba à genoux.

— L'Éternel nous envoie des prophètes et des rois. L'Éternel veut que nous continuions la lutte !

Benjamin s'apprêta à parler, mais il sentit qu'il ne serait pas compris. Et tandis que l'homme lui baisait les pieds, il vit la troupe en marche en direction de la demeure de Lazare, Marthe et Marie, là où résidaient Marie, mère de Jésus, et certainement la majorité des disciples. Il s'avança à leur suite, il s'avança sans crainte, car telle avait toujours été sa vérité.

Alors une voix qu'il n'avait pas entendue depuis longtemps vint stopper momentanément le cours de sa destinée.

— Crois-tu que tu puisses partir au supplice sans que je t'accompagne ?

En écoutant ces paroles, il avait souri. Il savait qu'il ne tarderait pas à le retrouver, qu'il y avait trop de noblesse en lui. Il le savait. Nathanaël était sorti de la demeure lézardée, et lui aussi, il souriait. La gangue qui l'enserrait s'était enfin fendue. Il souriait et la mort ne lui faisait plus peur.

— Et moi, alors, vous me laissez ?

Elle avait brisé leur élan. Elle se tenait devant eux. Sa détresse était infinie.

— Alors moi, je deviens quoi ? Vous me laissez, vous m'abandonnez ? Moi, je ne suis donc rien du tout ? Je n'ai même pas le droit de vous accompagner ? Qui je suis ? Je pleure tellement depuis que je ne suis plus dans le ventre de ma mère.

Alors leur cœur se serra...

Mais Benjamin, dont les jambes avaient flageolé, parvint à garder son équilibre. Ils restèrent longtemps sans bouger.

— Toi, tu es nous. Tu portes la descendance. Tu es ce qui nous survivra. Tu es la race. À quoi cela sert que nous mourions tous ? Et nous, nous ne pleurons plus assez depuis que nous avons quitté le ventre notre mère.

Mais ses yeux étaient comme une supplique. Elle ne se sentait pas la force de supporter l'abandon. Elle n'avait pas eu l'amour, faudrait-elle qu'elle ait aussi la solitude ? La vie valait la peine d'être vécue ou alors elle ne servait à rien. Cette résignation n'était pas pour elle. Que les hommes étaient idiots, de croire que l'héroïsme était leur apanage !

Benjamin avait repris sa marche en avant, Nathanaël dans son sillage, et alors qu'elle aurait voulu les suivre, elle se sentit paralysée. Les forces l'abandonnaient.

— Pitié, pitié, pas ça ! Comme tu me connais mon frère, comme tu me connais !

Ils suivaient de loin la troupe. Et ça y est, ils avaient quasiment disparu. Maintenant l'infinie solitude l'enserra amoureusement. Mais elle était eux. Elle était la descendance. Elle était ce qui survivrait toujours…

Et quand il serait l'heure, ils se présenteraient face à l'injure, face à la lance, face à l'épée. Ils suivaient de loin la troupe…

Simon le zélote

Simon dit le zélote approchait par l'autre côté de la cité. Sans doute n'aurait-il pas dû courir ce risque, lui, l'héritier, le nouvel ennemi public. Une sourde angoisse l'avait saisi. Et s'ils s'attaquaient à ses amis, s'ils torturaient les femmes, s'ils s'en prenaient aux enfants ? Une sourde et incontrôlable angoisse l'obligeait à montrer son visage. Peut-être aurait-il dû fuir... mais son cœur était celui des douze tribus et des prophètes. Après tout, il n'était peut-être pas le nouveau Barabbas...

André – Jacques

Et non loin de là, André et Jacques, le cousin de Jésus, n'avaient d'autres choix que l'évident repli vers le seul lieu où ils avaient senti qu'on leur témoignerait un peu d'affection ; où, malgré le poids de leurs fautes, on serait encore susceptible de leur accorder la couche, de l'eau et un peu de pain consacré. Il fallait se résoudre à la rejoindre, la demeure où s'étaient repliées Marthe et Marie dans l'espoir de fuir la malsaine popularité de leur frère Lazare, le prodige le plus fabuleux de leur maître, le Rabbi Jésus...

Judas

Au petit matin, le soleil hilare avait vainement tenté de réchauffer le corps inerte de Judas. Mais personne, pas même son père, pas même sa mère, ne verserait une larme pour lui. Déjà on l'avait oublié. La corde avait commencé de s'effilocher, et puis elle avait fini par se rompre. Le corps raidi, affolant les mouches, avait versé sur la pente, parmi le sable, les cailloux, les pierres. La branche s'était enfin désolidarisée de l'arbre, avait enfin touché le sol. Maintenant, il n'était plus un oiseau. Maintenant, c'était bel et bien fini...

Thomas

Et tous convergeaient vers la maison assiégée. Tous ? Et Thomas alors ? Le corps moulu par les coups, le cœur à l'agonie, Thomas respirait à peine. Toute la nuit, il avait gémi et maudit l'univers. Toute la nuit, son esprit avait erré dans le royaume du ressentiment, de la colère, dans un corps à corps passionnel avec la haine. Et la voix de son bourreau le hantait. Chacun de ses souvenirs entrait dans son cœur comme un couteau. Rebecca le tenait, et la leçon qu'elle lui donnait était amère, désolante. Elle l'avait irrémédiablement puni. Elle ne cesserait de s'amuser de son malheur. C'est ainsi qu'elle concevait sa vengeance. Il s'était cru à l'abri et maître de la situation. Mais elle avait été patiente et dès que le relâchement avait été manifeste, elle l'avait marqué au fer rouge de sa déception. C'est ainsi qu'elle traitait ceux qu'elle avait choisis mais qui ne se révélaient pas à la hauteur…

« Où aller ? Où mourir ? Comme j'aimerais me venger d'elle ! Comme j'aimerais lui rendre la mort qu'elle m'a donnée ! » Il serrait les dents. Tout son corps lui faisait atrocement mal. Le chef des gardes avait lui-même assuré le supplice. Il l'avait accompli avec zèle, fier d'avoir été désigné par la créature farouche et inaccessible : rien de plus fantastique qu'un châtiment réalisé avec ferveur et dévotion. Un châtiment pour l'éternité, voilà ce que Rebecca voulait pour lui…

Personne n'avait daigné l'aider. La foule l'avait ignoré tout comme des mois durant il avait ignoré la foule. Tous, ils étaient des étrangers les uns pour les autres. Seul le châtiment maintenant les rapprochait, les rendait à leur universelle fraternité.

Il s'était levé pourtant et il marchait en rasant les murs et s'arrêtait tous les dix pas tant son dos le faisait souffrir. Lui aussi, il avait vu les légionnaires faire route vers cette demeure qu'il avait tant voulu fuir. Et déjà la foule irrésistiblement attirée par le sang, les plaintes, par le miroir de son futur destin, convergeait vers le lieu de l'anéantissement.

Il claudiquait ; les militaires avaient manqué plusieurs fois de le renverser. Comme ils étaient pressés de commettre leurs vilenies ! Mais ils comprenaient aussi que la foule ne resterait pas longtemps dans son hébétement. Ils savaient qu'ils avaient tort. Martyriser les prophètes, ce n'est pas grand-chose, mais s'attaquer à leur famille, c'est un bien gros risque. Chez les Juifs, chaque famille a toujours un cousin qui n'est pas loin d'être un prophète. Et tous les yeux guettaient l'instant fatidique où le chien d'occupant, le maudit païen lancerait ses mains impures sur les filles de Sion. Alors le peuple saurait que l'Éternel a tourné leur cœur vers la vengeance et qu'il serait temps d'en découdre et d'en finir. Car ils n'en doutaient plus : il faudrait bien, un jour ou l'autre, en finir.

Pilate – Claudia

Pilate avait baissé la tête. De nouveau, il s'apitoyait sur son sort. Comme tous ses mouvements étaient prévisibles ! Claudia s'était bel et bien trompée sur son compte. Elle s'en voulait. Elle aurait voulu lui lacérer le visage…

Ainsi donc, Quirinus avait désobéi à ses ordres. La mise à l'écart était en marche. Les dieux se désolidarisaient complètement de lui… Le soleil pour lui aussi s'était couché pour de bon.

Bientôt les gardes, le glaive à la main, viendraient mettre fin à son supplice. Il entendit qu'on courait dans le palais. Ils étaient déjà là ! Il eut une expression d'amère résignation. Claudia se rendit compte qu'il ne maîtrisait plus rien.

On courait. Le crime se déplace toujours avec une célérité exemplaire. Ainsi était la longue et triste histoire de ceux qui servaient

Rome. Ainsi se consumaient les âmes sur le bûcher dressé à la gloire de leurs idoles. Ainsi avait-il toujours rêvé de finir…

— Votre Excellence, Votre Excellence, le tétrarque vous fait envoyer ce message !

Et Pilate de lire tremblant la missive lui révélant que le chaos était annoncé, que cette fois tout ce qu'il avait bâti était sur le point de s'écrouler, que l'histoire enseignerait son échec. Alors il lança ce regard si douloureux, si empreint d'une détresse dépouillée de toute vanité et de toute emphase. Il était tellement nu, faible, désemparé que Claudia ne résista pas, que, pour la première fois depuis des mois, une brèche s'ouvrit dans son indifférence. Oui, elle l'aimait encore, elle n'avait jamais cessé de l'aimer ; mais elle avait voulu le voir faible, à genoux. Elle avait voulu qu'il sentît combien il avait besoin d'elle. Pourtant elle ne voulait pas d'une victoire en demi-teinte. Elle l'avait voulu à sa merci juste pour qu'il se souvînt qu'elle l'avait aimé bien au-delà de la gloire, de la reconnaissance, des honneurs. Elle l'avait aimé parce qu'à ses yeux il était différent des autres. Alors, elle n'eut pas besoin de lui parler. Elle eut juste besoin de lui adresser un simple petit regard, un tout petit regard de rien du tout, mais suffisant pour que Pilate retrouvât un brin de son énergie d'antan et que lui aussi fût pris dans le mouvement général de cette folle journée. Il convoqua les quelques hommes de sa garde rapprochée. Il vit que ceux-là n'avaient pas encore décidé de trahir. Il constata que rien n'était encore perdu.

Livius – Vanic – Quirinus

La foule n'en finissait maintenant plus de gronder. Mais Livius ne les entendait déjà plus. Seuls lui importaient les mouvements de Vanic. Seule l'intéressait l'éradication de l'ennemi de l'intérieur. Et

Vanic était en train de parvenir à ses fins. Ses camarades avaient l'œil moins vif, moins gonflé de haine. Ils révélaient un cœur de brebis. Bientôt Livius en contaminerait d'autres et l'empire entamerait un lent et inexorable déclin. Bientôt la puissance ne serait plus qu'un lointain souvenir. Bientôt tout ce qui avait fait Livius ne serait plus que cendres, poussières, particules éparpillées au gré des vents. Alors il fallait agir vite. Il fallait que le sang des traîtres devînt un nouveau Tibre, il fallait que la descendance d'Énée retrouvât foi en son étoile.

Ça y est ! Vanic avait aidé ce chien à se relever. Tout d'un coup, lui qui ne faisait plus attention à la foule, s'aperçut qu'elle applaudit le geste du Romain. Oh oui, il fallait agir vite. Quel mal faisait-il, déjà ! Si personne ne l'arrêtait, jusqu'où irait-il ?

À quelques pas de là, Quirinus se rendait peu à peu compte qu'il avait commis l'irréparable. La sueur lui coulait de partout. Lui qui n'avait jamais désobéi, qui avait servi pendant des années des supérieurs sans caractère, voilà qu'il s'était embarqué dans la répression de cette secte dont, au fond, il n'avait pas grand-chose à faire. Mais bien qu'il sentît qu'il était allé beaucoup trop loin, il savait qu'il ne pouvait plus retourner en arrière, qu'à force d'avoir chassé les séditieux, il était séditieux lui-même.

Quirinus s'était décidé. Il avait levé le bras. Il s'apprêtait à lancer l'assaut contre cette demeure où régnait la peur. Quirinus avait levé le bras, mais Livius ne le regardait déjà plus. À la stupeur générale, il avait quitté son poste et s'était dirigé vers le légionnaire Vanic. Il dégaina son glaive et marcha d'un pas décidé, froid, implacable. La foule le vit, mais encore tout à sa joie, elle ne réalisa pas, elle ne voulait pas réaliser qu'on ne lui accorderait plus de joie, que sa condition était de souffrir, que l'Éternel ne voulait plus d'éternité pour son peuple. Et la foule commença à frémir. Elle tenta l'impossible.

— Retourne-toi, légionnaire ! Retourne-toi, toi qui as eu un geste de mansuétude pour l'un des nôtres ! Retourne-toi, car on te veut du mal !

Mais Vanic n'entendait pas. Il était tellement las que les gesticulations de cette plèbe hystérique ne l'atteignaient plus. Au fond, il n'avait pas aimé l'attitude de ce pauvre Juif. Il en avait assez de tous ces pleurs, ces cris, de tout ce pathos répandu au quatre coins de l'empire. Il aspirait à la dignité, et la dignité n'existait plus. Elle avait existé un court instant, quand celui qui était la cause de tout ce désordre avait été jugé. À ce moment précis, Vanic avait reconnu un lointain souvenir de lui-même. Il avait tressailli mais cela n'avait pas duré. L'homme avait fini par rentrer dans les pleurs et le cœur de Vanic avait terminé de s'assécher, lui qui avait tant cru les hommes, autrefois…

Il pouvait sentir la respiration de Livius sur sa nuque. Mais il n'était déjà plus là. Il ne grimaça pas.

Quirinus, toujours le bras levé, attendait toujours le moment opportun en vue de donner l'assaut ; la foule avait le visage contorsionné par l'angoisse et les cris ; les légionnaires à côté de lui étaient aux abois.

L'orage tant redouté éclata.

Tous les yeux s'étaient tournés vers le drame qui se jouait entre les deux romains ; la foule fut suspendue à ce geste qui n'aurait dû être qu'une péripétie, qu'une goutte dans l'immensité de ce ressentiment accumulé. Elle s'abandonna enfin à sa fureur.

Très vite, elle submergea le maigre contingent qui tentait tant bien que mal de la contenir. Elle se rua sur Livius qui n'eut même pas le loisir de savourer l'assouvissement de sa haine. Quirinus la vit, telle une vague meurtrière, s'abattre sur l'assassin et l'engloutir. Elle était irrésistible. Chaque ruelle, chaque demeure, chaque pierre, chaque caillou savaient que le grand jour était arrivé.

Nathanaël – Benjamin

Nathanaël et Benjamin s'étaient regardés, et aussitôt ils s'étaient mis à courir comme fous. Bientôt d'autres couraient à côté d'eux. Bientôt ils se piétinaient. Bientôt la conscience de tout cela s'inscrivait dans le grand souvenir. Ils savaient déjà tout avant que l'ange ne vînt apaiser leur mémoire. Oui, ils savaient tout…

Pilate

Au loin, le cheval du préfet se trouvait englué dans ce magma humain. Mais que pouvait faire Pilate ? Tout semblait perdu. Il faudrait donc rappeler la légion de Damas, organiser un long siège. L'impitoyable loi des vainqueurs s'appliquerait aux vaincus, et lui Pilate, plus que tout autre, serait cloué au pilori. Ainsi Jérusalem lui aurait tout ravi. Ainsi la femme, indomptable, dévore ses adorateurs.

Toutes les ruelles convergeaient vers le désespoir et le grand holocauste. Il n'y avait plus de pharisiens, de zélotes ni d'esséniens. Seuls les scribes s'étaient retranchés dans le saint Temple et autour du souverain sacrificateur qui, quelques heures auparavant, jouissait de son tout nouveau prestige. Voilà que tout cela allait s'écrouler, que le terre n'avait tremblé que pour mieux s'amuser d'eux et les châtier pour de bon. Alors Caïphe, qui s'était juré qu'on ne l'appellerait dorénavant plus que « le grand », Caïphe fut de nouveau harcelé par sa maladive obsession. Tout ça n'avait donc servi à rien. Mettre à mort le démon qui voulait détruire le Temple, le crucifier pour l'édification du peuple, tout cela n'avait pas rassasié la colère de l'Éternel… Tout cela n'avait servi qu'à retarder l'échéance. Jésus ne s'était pas défendu car Jésus se moquait de lui, car Jésus le voyait se battre contre l'inéluctable. Jésus savait que Caïphe était un gros lourdaud qui devait tout à son oncle, le grand prêtre Anne. Comme les choses se retournaient vite ! Comme les lois de l'univers étaient indéchiffrables pour l'esprit embrumé de l'homme ! Caïphe et les scribes tombèrent encore une fois à genoux et implorèrent l'Éternel d'épargner la seule chose qui, à leurs yeux, avait une valeur, le Temple qui depuis Salomon témoignait de l'Alliance… Les larmes roulèrent sur les joues des prêtres et leur prière se perdit dans le tumulte. Il n'y eut plus que des bribes imperceptibles. Le tumulte se referma sur eux comme un tombeau.

La foule se constituait en incessantes vagues mortelles. Quirinus les contemplait, fasciné. Pour la première fois, tout son amour de l'ordre, des vertus guerrières et militaires, tout ce qui avait constitué l'idéal d'une existence au service de la puissance se liquéfiait face à ce spectacle sidérant. L'homme d'action comprenait que la vie, la mort, n'avaient au fond aucune importance. La vision de Barabbas baignant dans son sang vint le harceler. Les tigres ne doivent-ils pas finir avec les tigres ? Son ennemi préféré avait péri quelques heures auparavant. La sensation d'un vide immense le gagna. Il avait voulu fuir ce grand vide, cet abîme, et s'était découvert de nouveaux fauves à combattre. Mais le fauve le plus terrible, son fauve, avait été annihilé, et maintenant l'existence avait perdu tout sel, tout sens, et cette foule délirante et meurtrière, malgré la fascination qu'elle exerçait, ne lui donnerait jamais l'excitation que lui avait procurée le terroriste, le fameux Barabbas, son ennemi intime.

Simon le zélote

Simon dit le zélote avait abaissé sa capuche ; mais personne ne le reconnaissait plus. Qui aurait pu le reconnaître, d'ailleurs ? Par grappes, ils passaient devant lui et aucun ne lui adressait même un regard. Alors il devrait commettre l'irréparable, un de ces coups d'éclat propres aux caractères exaltés. Il devrait enfin consentir à sa nature. Et non loin de là, il la sentait, l'odeur du préfet, il la sentait.

La maison

Dans la maison on gémissait, on criait, on crachait.

Pierre s'était muni d'un bâton, et Philippe l'avait suivi, et Jacques, frère de Jean, s'était à son tour levé, et Jean avait dû se résoudre, et Thaddée opinait du chef, et Marie, sœur de Marthe, s'était blottie dans un coin, et Marthe, elle, les encourageait, car elle avait décidé que tous finiraient les armes à la main. Lazare se redressa à son tour. N'était-ce pas ainsi le meilleur moyen de voir s'il appartenait toujours à la race ?

— Ô Jésus, pardonne-nous, pardonne-nous. Nous n'avons jamais eu que nos pieds et nos poings pour figurer parmi les hommes. Notre cœur n'a jamais eu la force de passer Tibériade.

Marie, mère de Jésus, avec ses grands yeux comme deux abîmes insondables, attendait la vague pour lui conférer son nouveau royaume. Le siège ne serait plus très long et l'ennemi démultiplié n'avait plus de visage, plus de bras, plus de mains. Ils se rappelèrent les paroles du Rabbi : désormais le monde serait toujours contre eux. Non, l'ennemi n'avait plus de visage, plus de bras, plus de mains, ce n'était plus qu'un océan insatiable bouillonnant de rage et de malédictions.

Thomas

Que valent les rêves d'un homme ? Et que valent ses désirs ? Et sait-il même ce qu'il désire ? Et s'il le sait, son désir est-il le bien et son salut ?

Il avait aimé, mais avait-il aimé pour de bon ? Il était venu chercher la blessure, prendre le fouet et le bâton. Rebecca n'avait pas été injuste avec lui comme il l'avait d'abord cru. Elle ne lui avait donné que ce qu'il lui avait demandé. Il voulait voir si son cœur pouvait encore saigner. Maintenant qu'il savait, il pouvait se remettre en route, et si se remettre en route c'était se perdre dans la folie de son sang, il fallait l'accepter sans crainte. Il le fallait. La pensée que tout s'écroulait autour de lui, que la mort de Jésus n'était qu'un des signes avant-coureurs de la terrible malédiction d'Adonaï, ne lui apparut plus si saugrenue que cela. Et lui qui avait toujours eu la contradiction à la bouche, lui qui fuyait son enfance, commença à réapprendre quand son cœur se serrait, quand l'effervescence de ses sentiments le torturait, quand le souvenir des mauvais traitements, des brimades, et des injustices le mettait à terre. Patiemment, il avait construit sa carapace, il s'était réfugié dans cet apparent détachement, et petit à petit, il était devenu ce garçon étrange qui faisait jurer les pharisiens mais sourire celui qu'on appelait Jésus. Est-ce à ce moment-là qu'il comprit que ce n'était pas lui qui avait cherché à enlever le masque et découvrir le mensonge, mais Jésus qui l'avait percé à jour, et que derrière sa prétendue morgue se cachaient la souffrance, le sentiment de vide et d'inutilité, la blessure originelle jamais refermée ?

Le soleil dardait ses rayons puissants et infligeait son châtiment aux hommes et femmes du Levant. Thomas se redressa et se laissa gagner par le parfum de la tragédie. Il était temps d'être happé par le débit infernal. Il était temps de retrouver ce qu'il fuyait. Il s'abîma dans le grand fleuve tout agité des douleurs ancestrales et séculaires. Au-dedans se trouvait la promesse du sang des prophètes.

Quirinus

Quirinus avait abaissé sa main : les archers avaient immédiatement criblé le fleuve indomptable de centaines de flèches et les corps tombèrent par grappes entières. Ça y est ! Le grand jour était arrivé. Quirinus avait abaissé sa main, mais des pierres commençaient à lui caresser les flancs et le visage. Il aurait dû se protéger mais le fauve s'en était allé, et déjà il regrettait de ne pas l'avoir lui-même attrapé. Il regrettait d'avoir confié cette satanée mission à cette vermine de Salvitius. Seul le grand fauve l'avait intéressé mais celui-ci avait rejoint le cimetière des grands prédateurs. Un projectile fit vaciller sa monture et le centurion fut désarçonné, alla rouler contre le pavé de la cité sacrée. Tout était fini. Que vaut le chasseur sans sa proie et la proie a-t-elle d'autres fonctions que d'exciter le chasseur ?

La garde du tétrarque avait enfin réagi. Tout rentrerait bientôt dans l'ordre. Pilate n'était pas arrêté ; il ne tarderait pas à reprendre le contrôle de tout ce petit monde. Étrange d'avoir fréquenté pendant si longtemps des comploteurs, d'avoir chassé la sédition partout où elle se présentait et d'avoir si piteusement échoué dans sa tentative. Il n'avait donc rien appris de ceux qu'il avait pourchassés. Il n'était pas né pour défier l'ordre et changer la face du monde. Il n'était qu'un exécutant, et le destin des exécutants était de finir piteusement.

La maison

— Ils se rapprochent, ils se rapprochent !

Ils avaient serré les dents. Leur gorge était nouée. La transpiration leur coulait dans le dos. Leurs vêtements portaient les stigmates de trois journées effroyables. Avec leurs armes de fortune, ils faisaient peine à voir. C'était l'ultime sursaut avant l'écrasement définitif, le cabrement de l'animal avant qu'on lui brise les os.

La terreur avait fini de les envelopper et de s'immiscer en eux par tous leurs pores. C'étaient les trompettes des esprits impurs. Un jour, Jésus leur avait confié qu'il avait rencontré Satan et l'avait mis en fuite. Alors Satan revenait pour se venger, et cette pauvre demeure ne pèserait pas bien lourd contre son ressentiment...

— Ils se rapprochent... Ils se rapprochent...

Bientôt ils seraient mélangés à ce magma en fusion et ils cracheraient leur colère en direction de Damas. Alors Rome dépêcherait ses deux puissantes légions et le magma rentrerait dans les entrailles de la terre.

— Ils se rapprochent !

Pierre était maintenant certain de se consumer dans le brasier ardent. Tout était joué. Ils étaient tous à égalité, son mensonge lui apparut trop dur à supporter...

Marie-Madeleine

Pourquoi n'avait-elle pas suivi le mouvement général ? N'avait-elle pas remarqué la convulsion qui s'était emparée de la cité ? Elle s'était levée alors que le soleil menaçait d'éclater à nouveau à la face des hommes. Sans un bruit, sans un mot pour ses hôtes improbables, elle avait quitté cette demeure non juive. Et bien que l'air fût déjà empli de ce parfum singulier, et bien qu'elle eût aperçu les légionnaires sur le qui-vive, et bien qu'elle eût dû s'interroger sur le destin de ses compagnons d'infortune, et bien qu'elle sût très bien où s'étaient réfugiés les plus fidèles des fidèles, elle avait décidé d'aller embrasser la pierre qu'on avait roulée devant le tombeau.

Depuis le début, elle avait décrété que son souvenir serait son sanctuaire et qu'elle se devait de l'honorer tous les jours…

Discrètement, elle s'était mise en route. Elle rasait les murs et demeurait étrangère aux grandes manœuvres qui étaient en préparation. Elle voulait juste continuer de chérir son Seigneur, le seul qui avait réussir à lire en elle, le seul qu'elle n'avait pas pu punir.

Et tandis qu'elle marchait d'un pas rapide, le fil des événements repassait dans sa mémoire. Son cœur se serrait car, dans ce cœur, son Seigneur était toujours vivant.

Elle arriva finalement au lieu maudit. À quelques pas du tombeau, l'horrible monticule rappelait les moments terribles des dernières heures. Les croix avaient été retirées mais sa soudaine solitude dans cette pénombre incertaine lui rendait cet instant encore plus insupportable. Cet endroit aurait pu être charmant, mais il était marqué du sceau de l'infamie. Ici on achevait de briser les hommes. Ici l'homme apprenait que le soleil était son pire ennemi. Ici commençait l'entrée du shéol, et les yeux de la Madeleine se détournèrent des pleurs et des grincements de dents.

Elle était devant le reposoir. Là gisait son Seigneur, là étaient rendus à la terre tous ses espoirs de changement et de renaissance. Il avait cru en elle et elle avait cru en lui ; les méchants avaient eu raison d'eux.

C'est alors que le champ des possibles affola tout son corps. Tout se mit à bouillonner à l'intérieur. Elle ne s'était pas préparée à un tel choc. Elle se croyait à l'abri de toutes les vicissitudes qu'on lui enverrait, de tout nouveau transport violent. Elle n'était venue que pour embrasser la pierre qu'on avait roulée devant le tombeau, et voilà que la pierre qui était censée protéger le défunt, voilà que cette pierre ne cachait plus le monde des morts à celui des vivants. Que trouverait-elle dans cette grotte destinée à la putréfaction ? Que trouverait-elle ? Oh que l'existence aura été cruelle envers elle ! Comme elle ne lui aura jamais laissé de repos ! L'aube naissante se riait déjà de ses grandes résolutions. Non, plus jamais elle ne croirait en la bénédiction du soleil, plus jamais.

Tandis que les échos des premières clameurs d'indignation résonnaient dans le ciel hagard de Jérusalem, elle avait pénétré dans le sépulcre… Très vite son sang se glaça. La lumière gagnait en intensité. Sur la dalle, elle pouvait contempler les bandelettes qui avaient servi lors de l'embaumement du corps, mais le corps de son Seigneur n'était plus là. Ils avaient osé, les scélérats ! Ils avaient porté l'abomination jusqu'à le déranger pendant son sommeil. Ils le leur avaient enlevé et ainsi ils ne pourraient jamais faire leur deuil. Elle croyait avoir touché le fond. Mais elle s'était leurrée. On n'est jamais au bout de la souffrance et de la douleur. Elles sont infinies. Et toutes ses larmes précédentes lui apparurent dérisoires. Cette fois, elle connaissait la fin des fins, la mort de son dernier rêve. Ainsi devaient périr les filles de Sion.

La maison

— Ça y est ! Ils vont venir nous prendre et nous châtier comme ils ont châtié le Rabbi. Bientôt nos os seront brisés et nous pourrirons au soleil. Adonaï, n'auras-tu donc pas pitié de nous ?

La mort leur souriait. Elle s'était follement amusée de leurs bravades, de leurs rodomontades. Maintenant, devant la mort, ils étaient retournés à leur crainte ancestrale et à leur lâcheté quotidienne. Elle fixait amoureusement Pierre, et plus elle le fixait amoureusement, plus il se pétrifiait. « Quand vas-tu donc leur avouer l'inavouable ? Dépêche-toi. Je frappe déjà à ta porte. »

Pierre voyait son maigre courage baisser définitivement pavillon. Plus la voix suave l'enlaçait, moins il se sentait la force de jeter l'aveu à la face livide et décomposée de ses compagnons. Le piège se refermait sur lui.

La mort s'amusait de son ancien petit protégé. Celui qu'on lui avait retiré pour mieux le lui rendre un peu plus tard. Il était si drôle, et il avait si mal profité de sa seconde chance que cela en était désolant. Mais qu'il se rassure, cette fois-ci elle se montrerait intraitable. Il n'y aurait plus de prophète ayant vaincu la faim, la soif et la solitude dans les déserts pour venir le lui ravir. « Et toi, le sage du groupe, toi aussi je te ferai transpirer plus que de raison, et tu verras que la sagesse face à moi ne pèse pas bien lourd et que, contre moi, il n'y a toujours que des discours de petit garçon. »

Enfin, elle avait porté son attention sur Marie, mère de Jésus, dont les traits étaient suppliques, comme si l'extrême souffrance des mères pouvait encore l'émouvoir... « Et toi, tu croyais peut-être que tu allais être exonérée de mon baiser, que tes yeux brulés par le chagrin arriveraient à m'adoucir. Je me moque de la souffrance des mères, quand bien même leur enfant serait un nouveau-né. Je m'en moque complètement. Cette fois, je vous veux, et je frappe depuis si longtemps à votre porte, et depuis si longtemps vous faites comme si vous ne m'aviez pas entendue, qu'ici et maintenant, c'est mon temps, mon heure, ma récompense pour tant de patience, ma gloire ! Maintenant il est temps que j'ouvre la porte afin de vous saluer tous les uns après les autres. »

Au-dehors, c'était une bataille sans fin. Juifs et Romains étendus et enlacés au sol formaient une même famille. Il n'y avait plus ni maître ni esclave, mais des enfants enfin à égalité. Dans la mêlée, on ne distinguait plus qui se battait contre qui. Il semblait que certains retournaient leur colère contre eux et que la folie eût touché leur esprit. D'autres s'acharnaient sur des légionnaires morts depuis longtemps. Les survivants essayaient, pour se protéger, de former un cercle imprenable, mais leur tentative paraissait vouée à l'échec devant cette nuée terrifiante sentant la victoire si proche.

Quirinus respirait difficilement. Les pierres et les coups ne lui laissaient plus l'espoir de voir une nouvelle lune et un nouveau soleil. De temps en temps, son corps était secoué de spasmes. Il sentait sur lui des milliers de crachats et une haine irréductible. Une dernière fois, la silhouette de Barabbas se dressa devant lui. Une dernière fois... Il cru déceler un sourire et une marque d'affection sur la face burinée du bandit. N'avaient-ils pas été l'un pour l'autre de valeureux adversaires ? Une dernière fois... ça y est, il ne sentait plus rien. C'en était fini des servitudes militaires et de Jérusalem. Enfin. Il dormait pour de bon à présent. On crachait moins sur lui. Et la haine s'en était allée chérir une autre victime...

Dans le grand fleuve, il y avait des purs et des impurs, des justes et des injustes, il y en avait qui rêvaient d'un grand destin pour Israël et d'autres pour lesquels Israël n'était qu'un prétexte au déchaînement de leur passion trop longtemps contenue. Et le grand fleuve alla s'abattre contre la citadelle apeurée.

— Ça y est, on frappe à la porte ! Ça y est, c'est fini !

Et tous leurs petits yeux à l'agonie se tournèrent vers leur héros, le seul qui avait osé braver l'inacceptable, le seul qui avait été digne de Jésus le Rabbi.

Oui, on frappait bien à la porte, et déjà le souvenir lui vrillait la tête. « Crois-tu que si je ne le voulais pas, mon Père n'enverrait ses anges disperser ces pauvres gardes ? Le coq, Pierre, il n'aura pas chanté que tu m'auras renié trois fois. N'as-tu pas conscience que je sais que ton courage vaut moins que le cri d'une hyène ? Avec la foi, tu n'aurais eu qu'à regarder ces gardes et ils seraient partis en courant. Quand tu as pris l'épée, tu n'avais foi qu'en ta vanité et dans le regard de tes frères. Toi aussi, tu dormais lorsque l'angoisse m'a saisi. Toi aussi, tu dormais lorsque j'implorais mon Père. »

Et leur visage attendait un geste de leur héros. Il était tout ce qu'il leur restait. Ils allaient mourir, mais lui leur indiquerait comment mourir avec dignité. Avec dignité et courage. Ils attendaient, mais rien ne venait. Leur héros se taisait obstinément. Mais qu'attendait-il, alors qu'on frappait à la porte ?

Et la bouche de Pierre commença à se déformer, son visage à se crisper horriblement, ses jambes à flageoler. Que leur héros faisait peine à voir ! Mais que lui arrivait-il ? Il n'avait pourtant peur de rien. Il n'avait pas craint de défier les gardes qui étaient venus arrêter le maître. Que lui arrivait-il ?

Il tourna sur lui-même, la bouche ouverte. Une plainte aiguë sortit de tout son corps affolé et l'aveu commença à empourprer l'atmosphère de honte, de moqueries, de retranchement perpétuel.

— Le coq, c'est ce satané coq. Ce satané coq, je vous dis. J'aurais voulu qu'on me coupe la langue. C'est ce satané coq qui m'a fait le trahir.

C'est fini. Il n'y avait plus de héros. Il n'y avait que des êtres sans consistance et vaincus. La porte pouvait s'ouvrir. Ils avaient mérité les Romains. Ils avaient mérité les fers qu'on allait leur mettre aux pieds et la croix qu'on dresserait pour eux. C'est fini. L'Éternel n'avait pas trouvé suffisamment de justes en Israël.

Marie-Madeleine

— Pourquoi pleures-tu ? Tu as l'air d'une enfant perdue. Pourquoi pleures-tu, petite fille ? La mort n'est rien. Tu ne le sais donc pas ? Ne te souviens-tu pas quand tu courais par les chemins et que tu rêvais d'un amour éternel ? À cette époque, tu n'avais peur de rien, et ton regard avait des reflets d'innocence. Toi, l'ange t'avait bien protégée.

Tout d'abord, elle ne comprit pas. Elle le regarda, incrédule.

— Tu es l'un des gardiens ?

Il éclata de rire et secoua la tête.

— Oui, je suis l'un des gardiens, si tu veux.

— Qu'as-tu fait du corps de mon Seigneur ? Si tu es un gardien, pourquoi n'as-tu pas empêché qu'ils viennent le chercher ?

— Tu courais par les chemins. Le souvenir n'avait pas encore éclaté en toi. Comme l'ange avait su te protéger, petite fille. Tu courais par les chemins et le soleil était bienveillant. Tu te persuadais que tu n'aurais jamais d'ennemis, que les malédictions n'existaient que dans les esprits de tes parents, de tes oncles, de tes cousins.

Elle le fixait incrédule. Elle était encore tout à sa douleur et à sa colère. Elle avait envie de s'arracher les cheveux, de hurler, de cracher à la face du ciel. Elle ne comprenait pas cet homme et son sourire affable… Ne voyait-il pas qu'elle était à bout ? Que tout ce qui la constituait, tout ce qui lui avait donné la force de conserver le souffle, avait été foulé aux pieds ? Ne voyait-il pas qu'il la dérangeait, qu'elle voulait être seule, définitivement seule ?

— Maintenant il est temps de déterrer ton trésor. À quoi sert un trésor caché ?

— De quel trésor parles-tu ?

Il lui sourit et son sourire était comme un soleil sans colère. Il lui sourit et sa tristesse commença à disparaître. Elle n'avait plus envie de s'arracher les cheveux, ni de hurler, ni de cracher à la face du ciel. Elle le regardait et se rappela la pierre qu'elle avait enterrée quand elle était enfant ; cette pierre insolite, elle avait décrété qu'elle était son trésor, et afin qu'on ne la découvrît pas, qu'elle fût protégée de ses frères et de ses sœurs, elle l'avait enterrée dans un champ non loin de la maison de ses parents. C'était son secret de petite fille que personne ne pourrait lui extorquer. C'était le don que lui avait fait l'Éternel à elle seule. Depuis toujours, elle avait eu le sentiment de ne jamais exister et voilà qu'elle avait trouvé quelque chose qui la singularisait des autres. Bien sûr, elle aurait pu parader avec, comme l'auraient fait ses sœurs, mais elle était certaine qu'on l'aurait jalousée – sa pierre était si belle – et qu'on aurait cherché à la lui voler. Déjà l'ange ne la protégeait plus beaucoup. Déjà elle comprenait combien le cœur des hommes recelait d'envie et de cruauté. Mais qui était cet homme qui connaissait son secret ?

— Regarde au loin. N'entends-tu pas ce tumulte, ces bruits d'armes, ces gémissements ininterrompus ?

Non, elle n'entendait rien. Elle regardait l'homme et tout ce qui l'entourait n'avait plus aucune importance.

— À présent, il faut leur révéler que le lien n'est pas rompu. Ce qui devait être accompli a été accompli. Le prince de la paix va enfin entrer dans son royaume.

Sur son exhortation, elle porta son attention sur Jérusalem, et le contraste fut saisissant. Le chaos régnait. L'esprit de la guerre et de la destruction triomphait. Comme cela était affreux, et comme elle avait maintenant besoin du visage et du sourire de l'Homme. Elle reporta son regard sur lui mais il avait disparu, comme par enchantement.

Elle se frotta les yeux mais il avait bel et bien disparu. Elle le chercha un moment, pénétra à nouveau dans le sépulcre, mais rien n'avait bougé. Elle ressortit tout en émoi. Elle aurait tout donné pour revoir l'Homme. Et plus elle pensait à lui, plus ses paroles étreignaient son cœur. Il fallait qu'elle le raconte aux autres. Oui, il le fallait…

La maison

Au loin, Pilate avait réussi à se frayer un chemin. Les gardes d'Hérode avaient finalement pris position. Les légionnaires assiégés résistaient avec l'énergie du désespoir. Il sembla que le débit du grand fleuve commençait à décroître. La foule fit entendre ses premiers signes d'essoufflement. Ils s'étaient cru si forts, si proches de leur vengeance, mais le rêve de Barabbas était encore trop lourd à porter. Il aurait fallu un prophète ou un roi pour les libérer, et Barabbas n'était qu'un songe.

Dans la demeure encore toute chaude de l'aveu, ils saisissaient tous que la porte ne s'ouvrirait pas, que les murs ne s'écrouleraient pas et qu'aucun d'eux n'était un héros.

Matthieu

La foule refluait à présent. Matthieu s'était redressé, les corps des deux légionnaires gisaient à ses côtés. Il ne put supporter davantage leurs visages lacérés et les recouvrit de leur toge. Il estima que son rôle d'informateur était fini et que le service de l'occupant ne lui incombait plus. C'est le légionnaire qui l'avait sauvé qui le lui avait révélé. Son regard était intense et la puissance de son sacrifice en faisait un juste. Maintenant il marchait vers la nouvelle citadelle. Il ne craignait plus grand-chose. Il savait qu'ils lui ouvriraient la porte, car aucun d'eux n'était un héros, car tous avaient dormi la nuit où ils auraient dû accompagner le maître.

Le fleuve avait rejeté sur ses berges les corps contusionnés de Jacques, le cousin du Rabbi, et d'André. Et malgré les nombreux picotements qui les faisaient grimacer, ils se regardèrent et se trouvèrent idiots. Ils avaient le sentiment d'avoir tourné en rond depuis trois jours, et là-bas, non loin de là où ils se tenaient, ils venaient enfin d'apercevoir la silhouette de ce grand escogriffe de Pierre qui mesurait, comme s'il se prenait pour un grand général, l'étendue des pertes et le rapport de forces entre les différents combattants. Jean le rejoignit bientôt, et puis Philippe, et puis les femmes. Tous, malgré la fatigue, avaient l'air en bonne santé. La demeure avait résisté à l'infernal tourbillon, ce qui les étonna un peu. Oui, ils se regardèrent et se trouvèrent idiots. Ils n'étaient pas morts et c'était toujours gênant de ne pas mourir quand on a imaginé que seul le pire pouvait arriver.

Le maître de justice

— Ne devons-nous pas consigner tout ce que nous avons vu, maître ?

Le maître de justice s'arrêta dans sa marche quotidienne. Son regard embrassa une dernière fois Jérusalem. Elle avait finalement tenu bon. Il est clair qu'il s'agissait d'une journée historique et que l'Éternel avait, contre toute attente, décidé d'épargner son peuple. Vraiment, il aurait fallu consigner tout cela.

L'essénien se rappela son entrevue avec Jésus et la peine qu'il en avait ressentie. Tout aurait pu être différent. Tout aurait dû être différent. Mais sa déception avait été trop forte.

— Péripétie que tout cela. Seule la Loi et la purification comptent. Le reste ne m'intéresse pas. Le reste leur appartient.

Le maître de justice se détourna de la ville encore chaude de l'émeute et du sang versé. De temps à autre, il repensait encore à l'oiseau majestueux et le souvenir de la royauté accablait son âme. Son disciple le voyant ainsi s'éloigner eut à son tour la sensation de contempler l'envol fatigué d'un oiseau autrefois glorieux. Un sanglot le fit tressaillir. Le souvenir de la royauté s'empara de son cœur. Le souvenir de la royauté…

Marie-Madeleine

Tout en émoi, elle courait vers l'ancienne citadelle assiégée. Il fallait qu'elle leur dise ce qu'elle avait vu. Il fallait qu'ils viennent constater par eux-mêmes. Alors l'Homme réapparaîtrait et leur âme ne serait plus brisée. Elle courait vers l'ancienne citadelle assiégée afin de leur révéler que le lien n'était pas rompu. Non, leur âme ne serait plus brisée. L'Homme lui avait rapporté son trésor et son trésor recelait encore son innocence. L'ange lui avait promis un soleil éternel.

Repères historiques

Précisions contextuelles

Les strates de la société juive étaient complexes. On peut toutefois identifier six grands groupes : les sadducéens, les pharisiens, les esséniens, les zélotes, les sicaires et les nazaréens. Précisons également que le monde juif ne se limitait pas à Jérusalem et que les Juifs de la diaspora représentaient la communauté la plus importante au sein de l'Empire romain.

Repères sur quelques personnages du roman avec une réalité historique

Le maître de justice : personnage qui apparaît dans certains des manuscrits de la mer Morte. Il serait le fondateur du mouvement sectaire installé sur les rives de la mer Morte à Qumran.

Caïphe : grand prêtre du Temple de Jérusalem (souverain sacrificateur), membre de la secte des sadducéens. Il est le gendre du précédent grand prêtre Anne. Caïphe occupera sa fonction jusqu'en 36, date à laquelle il sera démis de ses fonctions à l'instar du préfet Pilate.

Ponce Pilate : Ponce Pilate (en latin Pontius Pilatus : « Pontius titulaire d'un javelot d'honneur »), né vers 10 av. J.-C. à Lugdunum (Lyon), était préfet (procurateur selon Flavius Josèphe) de la province romaine de Judée au Ier siècle (de 26 à 36), c'est-à-dire, selon le Nouveau Testament, au moment de la crucifixion de Jésus. Il fut renvoyé à Rome et mourut vers 39 ap. J.-C. en exil à Vienne (Gaule) ou à Lucerne (Helvétie).

Claudia : femme du préfet Pilate. Claudia apparaît dans l'Évangile selon saint Matthieu où elle intervient auprès de Pilate afin de protéger Jésus lors de son procès. Selon des textes apocryphes, elle serait originaire de Narbonne. Claudia est sanctifiée dans la tradition orthodoxe.

André : il est né à Bethsaïde, en Galilée, sur les bords du lac de Tibériade. Il a d'abord appartenu au cercle de Jean le Baptiste, avant d'être le premier disciple choisi par Jésus. Après la Pentecôte, il partit prêcher l'Évangile, au cours d'un long voyage, tout autour des côtes de la mer Noire. Ses voyages l'amenèrent en Bithynie (côte turque), à Éphèse, en Mésopotamie, en Ukraine actuelle, en Thrace (région entre le Bosphore et le Danube), à Byzance et finalement en Achaïe (région au nord du Péloponnèse, où il finit crucifié, sous l'empereur Néron, à Patras en l'an 60).

Pierre : de son vrai nom Simon ou Siméon, il est, selon les Évangiles, originaire de Bethsaïde, marié et pêcheur sur le lac de Tibériade en Galilée. Il meurt martyr à Rome en 65. Il est le premier évêque de Rome et fonde la primauté pontificale.

Jean, fils de Zébédée : fils de Zébédée et de Marie Salomé, il est l'un des douze apôtres de Jésus. Il est également le frère de Jacques le Majeur. Ils étaient originaires de la ville de Bethsaïde, en Galilée. Son nom n'apparaît pas dans l'Évangile de Jean, mais y est généralement identifié avec un disciple non nommé désigné par l'expression « le disciple que Jésus aimait ». Dans la tradition chrétienne, cet Évangile lui est attribué, ainsi que trois épîtres et l'Apocalypse, dont l'auteur se présente comme Jean de Patmos : c'est le corpus johannique.

On l'appelle Jean l'Apôtre, Jean l'Évangéliste ou Jean le Théologien pour le distinguer de Jean le Baptiste.

Jacques le Majeur : fils de Zébédée et de Marie-Salomé, frère de Jean l'Évangéliste. Il est un des plus proches disciples de Jésus. Avec Pierre et Jean, il assista à la Transfiguration et à l'agonie de Jésus au mont des Oliviers. Selon les Actes des Apôtres, Jacques aurait été condamné à mort par Hérode et exécuté.

Jacques le Mineur : est ainsi appelé par opposition à l'autre apôtre Jacques fils de Zébédée dit Jacques le Majeur, frère aîné de l'apôtre Jean. Il a parfois été assimilé à un troisième Jacques du Nouveau Testament, Jacques le Juste, le cousin de Jésus. Il serait le fils d'Alphée.

Philippe : originaire de Galilée, il est né à Bethsaïde, sur les bords du lac de Tibériade, comme Pierre et André. D'abord disciple de Jean le Baptiste, l'Évangile de Jean rapporte comment il a été appelé par Jésus et comment il a présenté à celui-ci son ami Nathanaël dont le nom apparaît seulement chez cet évangéliste et que l'on identifie généralement avec Barthélémy. Après la Pentecôte, il serait parti évangéliser des régions d'Asie Mineure et prêcha aux Scythes. Il aurait été lapidé puis crucifié à Hiérapolis (actuellement Pamukkale) en Phrygie sous Domitien ou sous Trajan.

Nathanaël : Nathanaël était un disciple de Jésus qui lui avait été présenté par l'apôtre Philippe ; il n'apparaît que dans l'Évangile selon Jean (Jn 1, 43-51). Il était de Cana en Galilée. Comme le nom de Barthélemy suivait celui de Philippe dans la liste des Douze, Nathanaël lui fut assimilé.

Thaddée : il est l'un des douze apôtres de Jésus-Christ, généralement identifié avec Jude. Après la descente du Saint-Esprit, il alla prêcher l'Évangile dans l'Idumée, la Syrie et la Mésopotamie. Il souffrit le martyre, en Perse ou en Arménie, vers l'an 80. Selon la tradition, il est à l'origine avec Barthélemy/Nathanaël de l'Église apostolique arménienne.

Judas : il est celui des disciples, d'après les Évangiles, qui aurait livré Jésus aux grands prêtres de Jérusalem. Suite à son geste, pris de remords, il aurait rendu le salaire de sa trahison pour ensuite se suicider.

Simon le zélote : appelé « le zélote » pour le distinguer de Simon-Pierre, il appartenait avec Jude à ces zélotes qui refusaient l'occupation romaine. Avec lui, il alla prêcher la bonne nouvelle au Moyen-Orient et y souffrit le martyre, d'après une traduction apocryphe du VIe siècle.

Thomas : il est l'un des douze apôtres accompagnant Jésus. Son nom signifie « jumeau » en araméen, tout comme son surnom « Didyme », qui en est la traduction grecque. Thomas appartiendrait à la tribu d'Issacar, l'une des douze tribus d'Israël. Il évangélisa les Indes où il fut supplicié.

Matthieu : né en Galilée, de son nom Lévi, il était publicain (percepteur des impôts) à Capharnaüm, employé au péage d'Hérode. Il devint apôtre et écrivit le premier Évangile. Il prêcha aux Hébreux, écrivit pour eux son Évangile en araméen, traduit en grec, et mourut martyr en Éthiopie, en 61. Son corps fut transféré à Salerne.

Lazare : selon l'Évangile de Jean, Lazare était un ami de Jésus, frère de Marthe et de Marie. Ils vivaient à Béthanie, un village sur le versant est du mont des Oliviers. C'est lui que le Christ aurait ressuscité, le faisant sortir de son tombeau. Après la résurrection du Christ, il aurait prêché dans le sud de la France, évangélisant notamment Marseille.

Marthe : selon le Nouveau Testament, elle est une disciple de Jésus. Elle est la sœur de Lazare et de Marie de Béthanie. Selon la tradition provençale, elle s'est établie après la mort du Christ en Provence aux Saintes-Maries-de-la-Mer avec Lazare et Marie de Béthanie, et a vaincu la Tarasque à Tarascon, où fut élevée en son honneur une collégiale royale à l'emplacement de son tombeau.

Marie de Béthanie : selon les Évangiles, elle est une disciple de Jésus. Elle est la sœur de Lazare et de Marthe. La tradition catholique l'assimile à Marie de Magdala (Marie-Madeleine). Les protestants et les orthodoxes considèrent qu'il s'agit de deux personnes distinctes. Selon la légende médiévale des Saintes-Marie, elle serait venue se fixer en Provence après avoir débarqué aux Saintes-Maries-de-la-Mer et se serait retirée dans le massif de la Sainte-Baume.

Composé par Nord Compo Multimédia
7, rue de Fives, 59650 Villeneuve-d'Ascq

Imprimé par Corlet en France
Dépôt légal : septembre 2010